KÖNIGS ERLÄUTERUNGEN
Band 447

Textanalyse und Interpretation zu

Irmgard Keun

DAS KUNSTSEIDENE MÄDCHEN

Magret Möckel

Alle erforderlichen Infos für Abitur, Matura, Klausur und Referat plus Musteraufgaben mit Lösungsansätzen

Bange Verlag

Zitierte Ausgabe:
Keun, Irmgard: *Das kunstseidene Mädchen*. Mit Materialien, ausgewählt von Jörg Ulrich Meyer-Bothling. Leipzig: Klett, 2012

Über die Autorin dieser Erläuterung:
Magret Möckel, geboren 1952 in Lindau an der Schlei (Schleswig-Holstein), Studium der Germanistik und Anglistik an der Universität in Hamburg. Seit 1979 Lehrerin für Deutsch und Englisch, erst an einem Gymnasium in Vechta, dann in Friesoythe, seit 2003 an der Graf-Anton-Günther-Schule in Oldenburg. Ihr Unterrichtsschwerpunkt liegt auf dem Deutschunterricht in der Oberstufe. Sie leitet an dieser Schule die Fachgruppe Deutsch und hat mehrere Jahre in der Kommission für die zentralen Abiturarbeiten im Fach Deutsch (Niedersachsen) mitgearbeitet. Frau Möckel ist verheiratet und hat zwei Kinder.

3. Auflage 2020
ISBN: 978-3-8044-2016-8
PDF: 978-3-8044-6016-4, EPUB: 978-3-8044-7016-3

Titelabbildung: Tänzerin in einem Abendkleid, 1926 © ullstein bild – Atelier Angelo
Druck und Weiterverarbeitung: Tiskárna Akcent, Vimperk

1. DAS WICHTIGSTE AUF EINEN BLICK – SCHNELLÜBERSICHT

Damit sich jeder Leser in unserem Band rasch zurechtfindet und das für ihn Interessante gleich entdeckt, hier eine Übersicht:

Im 2. Kapitel beschreiben wir Irmgard Keuns Leben und stellen den zeitgeschichtlichen Hintergrund dar:

⇨ S. 10 f.
→ Irmgard Keun wurde 1905 in Berlin geboren und starb 1982 in Köln.

⇨ S. 12 ff.
→ In ihrem zweiten Roman *Das kunstseidene Mädchen* steht die Großstadt Berlin im Blickpunkt, eine Metropole, in der sich in den 1930er Jahren politische und gesellschaftliche Umbrüche konzentrierten. Das Buch beleuchtet kritisch die Zeit der Machtergreifung Hitlers, Arbeitslosigkeit, Frauenbewegung und die Probleme einer Großstadt.

⇨ S. 15 ff.
→ Die Protagonistin möchte ein selbstbestimmtes Leben führen und entspricht somit einem neuen Typus von Frau, der sich im ersten Drittel des 20. Jahrhunderts etabliert.

⇨ S. 19 f.
→ Der Roman ist der literarischen Richtung „Neue Sachlichkeit“ zuzuordnen, moderne Leser stellen ihn aber auch als Diskursroman vor. Das Spiel mit Romantypen und neue Erzählweisen wie z. B. „filmisches Erzählen“ machen ihn zum Dokument der Moderne.

Im 3. Kapitel bieten wir eine Textanalyse und -interpretation.

Das kunstseidene Mädchen – Entstehung und Quellen:

⇨ S. 30 f.
Irmgard Keuns Debütroman *Gilgi – eine von uns* erschien 1931 und wurde zu einem Verkaufserfolg. Literarisch knüpft sie mit ihrem

zweiten Werk *Das kunstseidene Mädchen*, das zu einem Bestseller wird, 1932 daran an. Dieser Roman nimmt die Zeit und viele Lebenserfahrungen der Autorin selbst auf. Den Vorwürfen, der Roman ähnele sehr Robert Neumanns *Karriere*, widerspricht sie heftig.

Inhalt:

Der Roman ist aus der Perspektive der Protagonistin Doris verfasst, die in einer Kleinstadt als Schreibkraft tätig ist, einen unsittlichen Übergriff ihres Chefs ablehnt, daraufhin fristlos entlassen wird und beim Theater anfängt. Auch hier verwirklicht sie nicht ihren Traum, berühmt, d. h. „ein Glanz" zu werden. Nach vielen Lügen, Intrigen und dem Diebstahl eines Pelzmantels muss sie fliehen und geht nach Berlin. Dort kommt sie notdürftig unter, macht wechselnde Männerbekanntschaften, von denen sie sich unterschiedlich lange aushalten lässt. Berlin wirkt anfangs stimulierend auf sie, zunehmend erfährt sie aber die Probleme der Arbeits- und Wohnungslosigkeit und der sich zuspitzenden ökonomischen und politischen Verhältnisse. Als sie schon tief gesunken ist, wird sie von einem Mann, Ernst, aufgenommen, mit dem sie allmählich ein eheähnliches Verhältnis beginnt. Am Schluss verzichtet sie aber auf ihn und bringt ihn wieder mit seiner Ehefrau in Kontakt. Der Roman endet ohne Aussicht auf Besserung der Verhältnisse für Doris.

⇨ S. 32 ff.

Chronologie und Schauplätze:

Der Roman besteht aus drei Teilen und bildet die Lebenssituation der Protagonistin ab. Er beginnt Ende des Sommers 1931 in einer mittleren Stadt und konzentriert sich im zweiten und dritten Teil auf die große Stadt (Berlin) im Herbst und Winter 1931/1932.

⇨ S. 39 f.

Personen:

Die wichtigste Person ist

⇨ S. 42 ff.

Doris:

- → strebt nach Selbstständigkeit und Luxus, möchte aber keine geregelte Arbeit,
- → will berühmt werden, glaubt, dass ihr dies möglich ist, weil sie jung, hübsch und attraktiv ist,
- → setzt körperliche Reize gegenüber Männern konsequent ein, um eingeladen und ausgehalten zu werden,
- → ihre konservativen Moralvorstellungen halten sie nicht davon ab, mit Männern mitzugehen, wenn ihr dadurch ein Leben in Luxus in Aussicht steht,
- → stiehlt ohne ein schlechtes Gewissen,
- → ist bestrebt, Gutes zu tun, insbesondere Frauen zu helfen,
- → zu ihrem Jugendfreund Hubert, zum blinden Kriegsveteran Brenner und zu Ernst hat sie eine besondere Beziehung.

⇨ S. 50 ff.

Wir stellen Doris ausführlich vor und gehen außerdem auf ihre Beziehung zu Therese, ihrer Mutter, Tilli, ihrem Vater, Hubert, Herrn Brenner und zu Ernst ein.

Stil und Sprache:

⇨ S. 64 ff.

Die sprachliche Gestaltung ist durch die Anpassung an den geringen Bildungsgrad und das niedrige Milieu der Protagonistin geprägt. Gleichzeitig ist der Roman auch in sprachlicher Hinsicht durch den Ort (Berliner Dialekt) und die Zeit (30er Jahre bis 20. Jahrhunderts) bestimmt. Der Text zeichnet sich durch eine Fülle von kreativen und ungewöhnlichen Ausdrücken, Metaphern und Vergleichen aus, die besonders intensive bildliche Vorstellungen erzeugen. Syntaktisch herrschen Ellipsen und additive Reihungen (‚und'-Verknüpfungen) vor, die einen Eindruck von Unmittelbarkeit und Mündlichkeit erzeugen.

Interpretationsansätze:

Verschiedene Interpretationsansätze bieten sich zu den thematischen Schwerpunkten dieses Romans an:

⇨ S. 82 ff.

- → Film, Medien und Musik,
- → die Beziehungen zwischen den Geschlechtern und die Auseinandersetzung mit der Rolle der Frau,
- → die Ausgestaltung der Hauptfigur als weiblicher Schelm, die durch den vordergründig naiven Blick auf die Gesellschaft und zeitlichen Umstände Kritik übt.

Irmgard Keun
(1905–1982)
© ullstein bild

2. IRMGARD KEUN: LEBEN UND WERK

2.1 Biografie

JAHR	ORT	EREIGNIS	ALTER
1905[1]	Berlin	6. Februar: Geburt Irmgard Keuns; Vater Eduard Keun, Importkaufmann, Mutter Elsa Charlotte Keun; in der Berliner Zeit drei Umzüge innerhalb Berlins	
1913	Köln	Umzug der Familie nach Köln, Besuch einer evangelischen Privatschule	8
1921	Köln	Ende der Schulzeit, Eintritt in eine Kölner Schauspielschule	16
1925	Köln	zweijährige Ausbildung am Stadttheater Köln	20
1927/28	Hamburg	Nebenrollen am Thalia-Theater; Arbeit als Modell (Reklame)	22/23
1928/29	Greifswald	Hauptrollen am Stadttheater Greifswald	23/24
1931		*Gilgi – eine von uns* (erster Roman)	26
1932		***Das kunstseidene Mädchen*** (zweiter Roman); Heirat mit Johannes Tralow, Theaterregisseur und Schriftsteller; Beziehung zu Arnold Ferdinand Strauss	27
1933	Köln	Verbot der Texte Keuns durch die Nationalsozialisten	28
1936	Ostende, Belgien	Keun verlässt Deutschland und geht ins Exil; *Das Mädchen, mit dem die Kinder nicht verkehren durften* (Roman); Verbindung mit dem Schriftsteller Joseph Roth	31

1 In der Literatur zu Irmgard Keun erscheinen verschiedene falsche Geburtsdaten (1909 und 1910).

JAHR	ORT	EREIGNIS	ALTER
1937		Scheidung von J. Tralow; *Nach Mitternacht* (Roman)	32
1938–1940	Nizza, Amsterdam, USA, Belgien	Aufenthalte in verschiedenen Ländern; *Kind aller Länder* (Roman); *D-Zug dritter Klasse* (Roman)	33
1940	Deutschland	illegale Einreise unter dem Decknamen Charlotte Tralow	35
1947	Köln-Braunsfeld	Bilder und Gedichte aus der Emigration	42
1950		*Ferdinand, der Mann mit dem freundlichen Herzen* (Roman)	45
1951		Geburt der Tochter Martina; Rückzug und Enttäuschung, Alkoholprobleme	46
1954		*Wenn wir alle gut wären* (Kleine Begebenheiten, Erinnerungen und Geschichten)	49
1962		*Blühende Neurosen* (Satire)	57
1966	Bonn	zeitweilige Einweisung in Psychiatrie	61
1975		Wiederentdeckung der Werke Keuns in der literarischen Welt	70
1981	Ingolstadt	Verleihung des Marieluise-Fleißer-Preises der Stadt Ingolstadt	76
1982	Köln	5. Mai: Tod der Schriftstellerin	77

2.2 Zeitgeschichtlicher Hintergrund

ZUSAMMEN-FASSUNG

Den zeitgeschichtlichen Hintergrund des Romans *Das kunstseidene Mädchen* bildet das Berlin der 1930er Jahre:

→ Politisches und kulturelles Zentrum der Zeit
→ Weltwirtschaftskrise, Arbeitslosigkeit
→ Ende der Weimarer Republik, Machtergreifung Hitlers

Verschiedene Lesarten des Romans werden zur Diskussion angeboten:

→ Moderner Frauenroman
→ Roman der Neuen Sachlichkeit
→ Zeitroman
→ Roman der Popliteratur
→ Tagebuch- und Diskursroman

Eine Übersicht wichtiger anderer literarischer Werke der Weimarer Republik schließt das Kapitel ab.

Berlin in den 1930er Jahren

Politisches und kulturelles Zentrum Deutschlands

Die Großstadt Berlin in den 1920er und 1930er Jahren ist politisches und kulturelles Zentrum Deutschlands. Sie ist eine der wichtigsten Metropolen der Welt und Dreh- und Angelpunkt neuer Tendenzen und Strömungen. Das im Text angesprochene „Romanische Café" (vgl. z. B. S. 61, Z. 16 f.) gegenüber der Gedächtniskirche ist Treffpunkt vieler Literaten und Theaterleute.

Die kulturelle Szene mit Theater, Kabarett, Literatur etc. ist außerordentlich vielfältig. Dazu kommen neue Medien wie der Film und Werbung. Glanz und Glamour, modisches Outfit und viele Restaurants und Tanzlokale (Modetanz Tango) gehören zum Stadtbild.

Außenansicht des Romanischen Cafés in Berlin in den 1930er Jahren

Hohe Arbeitslosigkeit

Die Weltwirtschaftskrise 1929 bedingt allerdings zunehmende Arbeitslosigkeit (1932 nahezu 5 Mio.) und wirtschaftlichen Niedergang. Das betrifft alle Einkommensgruppen und soziale Schichten und hat menschliche Tragödien und Krisen zur Folge. So steigt die Selbstmordrate in dieser Zeit drastisch, im Roman wird die verzweifelte und bedingungslose Suche nach Arbeit in vielen Facetten aufgenommen (vgl. S. 5, 45, 60, 82, 87, 89, 104 etc.). Allein in Berlin suchen etwa 600 000 Menschen nach Arbeit. Da nur etwa die Hälfte der Arbeitssuchenden durch Versicherungen unterstützt wird, sind viele auf die Wohlfahrt angewiesen, die – auch das wird im Roman angesprochen – dann auch noch durch den Reichspräsidenten Paul von Hindenburg in Notverordnungen gekürzt wird. Im Roman erfolgen Hinweise auf die Konsequenzen wie Wohnungslosigkeit, körperliches Elend, Verbitterung und Schwarzmarkt, zunehmende Prostitution und Alkoholismus.

Politischer Hintergrund

Politisches Geschehen bildet den Hintergrund des Romans. Als die Protagonistin Doris 1931 nach Berlin kommt, findet dort gerade der Staatbesuch des französischen Ministerpräsidenten Pierre Laval und des französischen Außenministers Aristide Briand statt (28. 09. 1931). Die Kranzniederlegung am Grab des ehemaligen deutschen Außenministers Gustav Stresemann soll der Aussöhnung von Deutschen und Franzosen nach dem Ersten Weltkrieg dienen. Außerdem geht es um einen Aufschub der im Versailler Vertrag festgelegten Reparationszahlungen. Im Zusammenhang mit diesem Ereignis kommt es zu Auseinandersetzungen mit den Nationalsozialisten.

Das Ende der Weimarer Republik ist mit der Machtergreifung Hitlers 1933 gekommen. Die Zunahme antijüdischer Einstellungen, rassistischer Ideologie und Präsenz gewaltbereiter nationalsozialistischer Gruppen ist ebenfalls im Roman deutlich verfolgbar (vgl. S. 27, 42, 63, 80, 90 u. v. m.).

Literarische Einordnung des Romans

Vielfältige literarische Strömungen und neue literarische Formen

Im beginnenden 20. Jahrhundert entwickeln sich vielfältige Strömungen von Literatur, die einerseits als Gegenbewegung zu literarischen Positionen, wie sie im poetischen Realismus oder Naturalismus vertreten werden, zu verstehen sind. Gleichzeitig entstehen aufgrund veränderter technologischer, medialer, soziologischer, wirtschaftlicher und politischer Bedingungen ganz neue literarische Formen. Die Literaturwissenschaft unterscheidet dabei

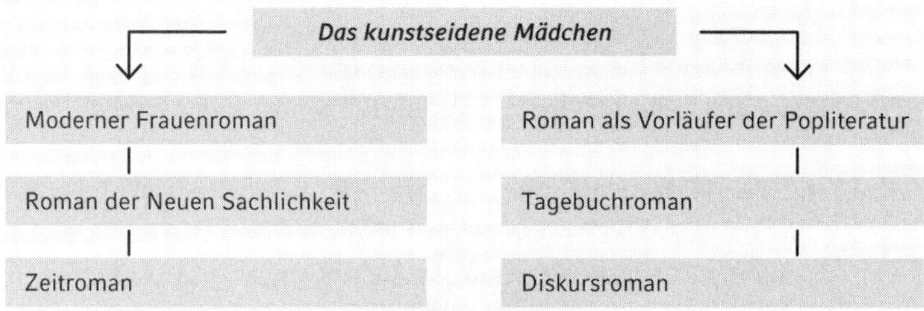

zwischen „großen", Epoche machenden[2] und unterhaltenden literarischen Formen. Keuns Roman *Das kunstseidene Mädchen* zählt zur letzteren Kategorie. Gleichwohl ist die zeitgenössische Forschung bestrebt, auf die schwindende Grenze zwischen ästhetisch anspruchsvollen und unterhaltenden Texten hinzuweisen. Dem Roman Keuns wird aus modernem Blickwinkel[3] eine hohe literarische Qualität, Dokumentencharakter, stilistisch und ästhetisch hohe Komplexität neben der unterhaltenden Funktion des Textes zugeschrieben. Inhaltlich und stilistisch lässt sich der Roman in Teilaspekten verschiedenen Kategorien zuordnen.

Moderner Frauenroman

Erzählhaltung

Irmgard Keuns Roman *Das kunstseidene Mädchen* ist ein moderner Roman hinsichtlich der Erzählhaltung, der Gestaltung der Hauptfigur und der Struktur. Der Roman ist aus der Ich-Perspektive verfasst und verzichtet auf den traditionellen auktorialen Erzähler. Im

---

2 Zu diesen gehören beispielsweise Alfred Döblins *Berlin Alexanderplatz* oder Robert Musils *Der Mann ohne Eigenschaften*.

3 vgl. z. B. Lickhardt, Maren: *Irmgard Keuns Romane der Weimarer Republik als moderne Diskursromane*. Heidelberg: Universitätsverlag Winter, 2009, S. 7–20 sowie Streim, Gregor: *Einführung in die Literatur der Weimarer Republik*. Darmstadt: Wissenschaftliche Buchgesellschaft, 2009, S. 67–86

Gegensatz zum vorbildhaften Helden des traditionellen Romans erleben wir hier eine Heldenfigur, deren Bewusstsein und Reaktion auf zeitliche Umstände und Erscheinungen im Mittelpunkt stehen. Kennzeichnend für den modernen Roman ist laut Migner

> „die Heldenfigur inmitten einer ihr keineswegs mehr selbstverständlich vertrauten Umwelt, die Heldenfigur in unter Umständen keineswegs mehr schlüssig erklärbaren Aktionen, die Heldenfigur in oftmals unvollständiger, beispielsweise auf bestimmte Verhaltensweisen reduzierter Gestaltung“.[4]

Doris ist eine solche Heldin, denn sie begibt sich in die ihr unvertraute Großstadt und gibt ihre Verwirrung offen zu („ich verstehe von nichts, von nichts. Es sind ungeheure Ereignisse auf der Welt, ich verstehe von gar nichts. So dumm“, S. 89 Z. 33 f.). Handlungsweise und Entscheidungen sind durchaus nicht immer nachvollziehbar und erwecken den Eindruck von Sprunghaftigkeit und Irrationalität. Die Gestaltung ihrer Person ist im Wesentlichen auf den ‚Männerfang' reduziert.

Struktur

Auch die Auflösung von Raum- und Zeitkontinuum unterscheidet diesen Text vom traditionellen Roman (vgl. dazu die Hinweise zur Romanstruktur in Kap. 3.3 dieser Erläuterung). Trotz der anscheinend naiven und spontanen Perspektive haben wir es in diesem Roman mit einer reflektierenden und konstruierenden Erzählerinstanz zu tun.

Gestaltung der Hauptfigur

Darüber hinaus liegt der Schwerpunkt dieses Romans auf der Gestaltung der Frauenfigur. Das Bild der „Neuen Frau“, das sich im ersten Drittel des 20. Jahrhunderts bildet, hat verschiedene

---

4 Migner, Karl: *Kennzeichen des modernen Romans*. In: Biermann, Heinrich; Schurf, Bernd (Hrsg.): Texte, Themen und Strukturen. Berlin: Cornelsen Verlag, 1999, S. 149

Facetten. Zum einen gibt es in dieser Zeit zunehmend Frauen, die als Autorinnen, Künstlerinnen, Modeschöpferinnen, Galeristinnen etc. eine neue Form des Selbstverständnisses und der Möglichkeiten von Frauen repräsentieren. Irmgard Keun als Schriftstellerin schafft sich mit Doris eine Romanfigur, die als junge Frau ihr Leben selbst in die Hand nimmt und ebenfalls künstlerische Ambitionen hat. Diese Frauen vertreten eine Generation, die sich von herkömmlichen patriarchalischen Strukturen und Normen lösen, unternehmungslustig sind und selbstbestimmte Wege einschlagen.

Typus der „Neuen Frau"

Die Betonung der Eigenständigkeit, der Kreativität, aber auch der betonten Weiblichkeit gehört zu diesem Typus der „Neuen Frau". Dabei ist es nach neustem Forschungsstand teilweise schlecht zu unterscheiden, „ob es sich um authentische Selbstäußerungen neuer Weiblichkeit handelt oder nicht doch letztlich um traditionelle Zuschreibungen, die auch von Frauen selbst übernommen werden"[5]. In jedem Fall sind die Texte explizit auf eine weibliche Leserschaft ausgerichtet. Dies lässt sich gleichermaßen thematisch, inhaltlich, sprachlich und medial festmachen. Grundsätzlich zu unterscheiden ist aber zwischen dem vermittelten Bild und der realen Situation von Frauen in den 1930er Jahren. Hier entstehen große Diskrepanzen. Auch Doris kommt im Rahmen des Romangeschehens nicht ans Ziel ihrer Wünsche, sondern erfährt eine konstante Verschlechterung ihrer Lage.

Weibliche Leserschaft

Besonders wichtig ist die Relevanz des Romans für die Auseinandersetzung der zeitgenössischen Leserschaft mit den vorgestellten Frauenbildern. Der Diskurs zwischen insbesondere Leserinnen und dem Roman war lebhaft. Figuren wie Doris, Gilgi oder Helene Willfüer (Hauptfigur des 1928 erschienenen Romans *Stud.*

---

5 Pankau, Johannes G.: *Einführung in die Literatur der Neuen Sachlichkeit*. Darmstadt: Wissenschaftliche Buchgesellschaft, 2010, S. 35

chem. Helene Willfüer von Vicki Baum) avancierten im Bewusstsein der zeitgenössischen Leserinnen unter verschiedenen Aspekten zu Prototypen der „Neuen Frau", so dass diesen Romanen ein hoher Gebrauchswert für das Leben zugeschrieben wurde.[6]

Neue Unterhaltungskultur aus Amerika

Aus Amerika kommt zu Beginn des 20. Jahrhunderts (ca. 1920) eine Unterhaltungskultur, in deren Mittelpunkt junge Mädchen stehen, die als Revuegirls, Zigarettenverkäuferinnen, aber auch in den Cafés und Büros der Großstädte zu finden sind. Sie sind „jung, sportlich, körperbetont, freizügig, aber auch diszipliniert"[7]. Sie werden „als Werbebild der modernen Frau"[8] durch populäre Medien wie Film, Illustrierte, Revue, Romane verbreitet und dienen als Vorbild für eine Kultur, die die Mode, Vorstellungen von Schönheit und Erotik, aber auch Verhaltensweisen der Zeitgenossen beeinflusst. Diese Frauen werden Girls, aber auch Flapper oder Garçonne genannt (junges Mädchen mit jungenhaftem, emanzipiertem Auftreten).

Neue Frauentypen: Girls, Flapper, Garçonne

Die Protagonistin Doris entspricht diesem Frauentyp insofern, als die Betonung des Körperlichen und der erotischen Ausstrahlung ihre Beziehung zu Männern prägt und sie sich vorzugsweise in Cafés, Tanzlokalen und Theatern aufhält. Im Gegensatz zu den Revuegirls zeigt sie aber nicht sportlichen Ehrgeiz und Disziplin. Kritiker dieser amerikanischen Erscheinung heben den Gegensatz zwischen erotischer Oberfläche und geradezu neutraler Haltung der „Girlies" im Hinblick auf Lust und Liebe hervor. Doris jedoch sucht und erfährt auch Nähe und Zuneigung. Gleich am Anfang des Romans erfolgt ein Hinweis auf Colleen Moore, der Ikone des Frauentyps Flapper (S. 4, Z. 7 f.).

---

6 vgl. dazu das Kapitel „Neue Frau und Sachlichkeit" in: Barndt, Kerstin: *Sentiment und Sachlichkeit. Der Roman der Neuen Frau in der Weimarer Republik.* Köln, Weimar, Wien: Böhlau Verlag, 2003, S. 1–13

7 Pankau 2010, S. 36

8 Streim 2009, S. 74

Roman der Neuen Sachlichkeit

„Kühl-distanzierte Betrachtung der Wirklichkeit"

Mit dem Schlagwort Neue Sachlichkeit wird eine literarische Bewegung bezeichnet, die einer nüchternen und „kühl-distanzierten Betrachtung der Wirklichkeit"[9] huldigt (vgl. dazu die Erläuterungen zum Begriff in Kap. 5 dieser Erläuterung). Sie entsteht in der Zeit um 1920 und prägt die zeitgemäße Form der Kunst, nicht nur der Literatur. Neue Sachlichkeit wird zum Synonym für modernes Kunstschaffen und avantgardistische Stile und findet in popularisierter Form ihren Niederschlag in diversen Bereichen der Metropolen. „Neue Kinopaläste wurden gebaut, neue Verlage, Theater und Museen gegründet, die Theater- und Revueszene differenzierte sich, Zeitschriften, Tageszeitungen, Sachbücher und Romane fanden neue Leserinnen und Leser."[10] Als Gegenbewegung zum Naturalismus, Expressionismus und alternativ zum Dadaismus und Surrealismus drückt sich die nüchterne, präzise und schmucklose Sichtweise in „Reportagen, Dokumentationen, Zeitstück und Zeitroman, Gebrauchslyrik, Hörspiel etc."[11] aus. Als Themenbereiche können „Technik und Krieg, alltagskulturelle Erscheinungen (Amerikanisierung, Kollektivierung, Rationalisierung, Sport) und allgemeine Lebensverhältnisse (Jugend, Sexualität, Geschlechterverhältnis)"[12] angegeben werden. Im Zusammenhang mit dem Roman *Das kunstseidene Mädchen* ist auch „die Faszination für Technikvorgänge, der kalte Blick für die Wirklichkeit auch der kulturellen Modernisierungsprozesse durch mediale (Fotografie, Rundfunk, Film), industriell-bevölkerungspolitische (Urbanität) und wissenschaft-

Gegenbewegung zu anderen Kunstformen

---

9 Biermann; Schurf 1999, S. 309
10 Barndt 2003, S. 1
11 Allkemper, Alo; Eke, Norbert Otto: *Literaturwissenschaft*. Paderborn: Wilhelm Fink Verlag, 2004, S. 246 (vgl. auch Fähnders, Walter: *Avantgarde und Moderne. 1890–1933*. Stuttgart: J. B. Metzler Verlag, 2010, S. 229–233)
12 ebd., S. 246 f.

liche Neuerungen (Psychoanalyse, Behaviourismus)“[13] interessant. Doris will „schreiben wie Film“ (S. 4, Z. 6), sie liefert Beispiele für reportagenhafte bzw. filmische Wiedergabe von Ausschnitten der Wirklichkeit in der Großstadt Berlin. Ihr Blick ist allerdings vorzugsweise subjektiv und emotional.

Autoren der Neuen Sachlichkeit

Zur Literatur der Neuen Sachlichkeit zählen die Werke von Irmgard Keun, Theodor Plivier, Lion Feuchtwanger, Hermann Kesten, Robert Neumann und Anna Seghers sowie die Gebrauchslyrik Erich Kästners, Bertolt Brechts und Kurt Tucholskys und die Reportagenliteratur Egon Erwin Kischs.

Zeitroman

Bezug zur Realität der Weimarer Republik

Der Roman *Das kunstseidene Mädchen* kann als Zeitroman eingeordnet werden, hat also auch dokumentarischen Charakter. Er ist ausdrücklich im Jahr 1931 verhaftet („Wir leben im Jahr 1931“, S. 5, Z. 12) und eine Vielzahl von Verweisen stellt einen expliziten Bezug zum politischen und gesellschaftlichen Leben der Weimarer Republik her. Die Einbeziehung von konkreten politischen Persönlichkeiten und Geschehnissen zur Zeit der Entstehung des Romans, aktuelle Filme, Lieder, modische Tendenzen, konkrete Hinweise auf Orte und Plätze, sprachliche Erscheinungen u. v. m. lassen ein dichtes Bild der Zeit entstehen. Auch die Vermittlung bestimmter Einstellungen zum Leben und zu politischen Umbrüchen, das Experimentieren mit neuen weiblichen Leitbildern, und Rollenentwürfen für die Frau gehört in diesen Bereich. Alltag und Zeitgeschehen sind Gegenstand und Hintergrund des allerdings konzentrierten und überhöhten Geschehens um die Protagonistin. Wie Irmgard Keuns Romane nehmen auch die Werke der Bestsellerautorin Vicki Baum (1888–1960) die Zeit und alltägliche Menschen in den Blick.

---

13 ebd., S. 247

Weitere Zeitromane und literarische Erscheinungen der 1920/30er Jahre (vgl. dazu auch die Tabelle zum literarischen Kontext am Ende dieses Kapitels):

Zeitromane

- → Alfred Döblin, *Berlin Alexanderplatz* (1929)
- → Heinrich Mann, *Die große Sache* (1930)
- → Erich Kästner, *Fabian* (1931)
- → Hans Fallada, *Kleiner Mann – was nun?* (1932)

Roman als Vorläufer der Popliteratur

Verweise auf zeitgenössische Medien und Marken

Aufgrund der extremen Häufung von Verweisen auf zeitgenössische Filme, Schlager und Medienprodukte, die eng mit einem Lebensgefühl und emotionaler Stimmung verknüpft sind, liegt es nahe, *Das kunstseidene Mädchen* dem Genre Popliteratur zuzuordnen. Dazu kommen die Betonung von Markennamen und Oberflächen bzw. Körperlichkeit. Den Protagonisten gelingt keine tiefgehende Kommunikation; sie bleiben allein. Sie zeichnen sich durch eine nahezu narzisstische Selbstbespiegelung aus. Dabei spielt häufig auch das Essverhalten eine Rolle.[14]

Lieder, Film, Reklame

Doris erwähnt insbesondere im zweiten Teil viele Musiktitel als Ausdruck ihrer Stimmung (vgl. dazu die Auflistung der Lieder in Kap. 3.7 dieser Erläuterung). Die Anlehnung an bekannte Filme, Fotos der Presse und Reklame liefern einen weiteren Baustein der Zuordnung zu diesem Genre. Wir erfahren auch viel über Doris' ungesunde Essweise, die durch Gelegenheiten bestimmt wird, und die Auswirkungen derselben auf Körper und Aussehen. Die Beschreibung ihres Körpers und ihrer Bekleidung spielen im Roman eine große Rolle. Insgesamt werden Sinneseindrücke und Sinnlich-

---

14 vgl. Degler, Frank; Paulokat, Ute: *Neue Deutsche Popliteratur*. Paderborn: Wilhelm Fink Verlag, 2008, S. 97–105

Betonung der Sinneseindrücke

keit sehr betont. In geringerem Maße als später in der Popliteratur üblich tauchen intertextuelle Referenzen auf literarische Produkte der Hochkultur auf (Goethe, Baudelaire etc.). Dies liegt natürlich an der fehlenden Bildung der Hauptfigur. Doris ist ebenfalls eine junge Protagonistin, die in Abgrenzung von bürgerlichen Lebensformen ihren Weg sucht und scheitert. Sie lebt in der Großstadt Berlin und geht keiner geregelten Tätigkeit nach, vermeidet diese sogar ausdrücklich. Diese und weitere Aspekte rechtfertigen einen Bezug zu dem aus Amerika kommenden, aber erst im Deutschland der 1990er Jahre ausgeprägten literarischen Genre der Popliteratur.

Texte der Popliteratur der Jahrtausendwende zum Vergleich:

Texte der Popliteratur

- → Karen Duve (*1961), *Regenroman* (1999) und *Das ist kein Liebeslied* (2002)
- → Christian Kracht (*1966), *Faserland* (1995) und *1979* (2001)
- → Sibylle Berg (*1962), *Sex II* (1998)
- → Thomas Brussig (*1965), *Am kürzeren Ende der Sonnenallee* (1999)
- → Benjamin Lebert (*1982), *Crazy* (1999)
- → Sven Regener (*1961), *Herr Lehmann* (2001)

Tagebuchroman und Diskursroman

Niederschrift des unmittelbar Erlebten und Empfundenen

Der Roman *Das kunstseidene Mädchen* ist auf den ersten Blick als Tagebuchroman angelegt. In dieser Hinsicht folgt er einerseits einer Tradition, die von Autoren wie Goethe, Eichendorff, Grillparzer, Hoffmann u. a. geprägt ist. Diese Romanform ist durch die ausgeprägte Intensität, Subjektivität und den Eindruck der Authentizität charakterisiert. Das Schreiben, die Niederschrift von Ereignissen aus dem unmittelbar Erlebten und Empfundenen heraus dient in dieser Form als Gedächtnisstütze, Verarbeitung oder Gewissenserforschung. Ein Tagebuchroman wird überwiegend aus der Ich-Perspektive formuliert und hat einen monologischen Charakter. Die Eintragungen erfolgen in der Regel chronologisch und sind durch vorangestellte Angaben zu Zeit und Ort bestimmt.

Ich-Perspektive und Chronologie

Schon in dieser Hinsicht bricht *Das kunstseidene Mädchen* allerdings mit der Tradition. Die nachgestellte Angabe „Wir leben im Jahre 1931. Morgen schreibe ich mehr." (S. 5, Z. 12) und die chronologisch angelegte Erzählung erinnern zwar an die Tagebuchform. Aber schon die Tatsache, dass ausdrücklich die Andersartigkeit der Schreibweise und Intention betont wird, bricht mit den Erwartungen an einen Tagebuchroman: „Ich denke nicht an Tagebuch – das ist lächerlich für ein Mädchen von achtzehn und auch sonst auf der Höhe. Aber ich will schreiben wie Film, denn so ist mein Leben und wird noch mehr so sein." (S. 4, Z. 4 ff.) Des Weiteren wird in der Regel vom „Taubenbuch" (S. 7, Z. 34; S. 58, Z. 31), vom „Heft" (S. 5, Z. 9; S. 84, Z. 16; S. 103, Z. 33) oder vom „Buch" (S. 104–106; S. 118, Z. 4; S. 124, Z. 8) gesprochen.

Zusammenfassung der Gründe, die gegen die Einschätzung als Tagebuchroman sprechen:

Bruch mit traditionellem Tagebuchroman

- → Der Roman beginnt vor dem ersten Eintrag, enthält als Text zeitlich vorangestellt den Entschluss zum Schreiben eines Tagebuches.[15]
- → Formal fehlt die exakte Angabe des Zeitpunktes der Eintragungen.
- → Es gibt verschiedene Zeitebenen. Das Schreiben im Tagebuch wird als Gegenwart durch „jetzt" (z. B. S. 7, Z. 34 und S. 12,

15 vgl. dazu Marchlewitz, Ingrid: *Irmgard Keun. Leben und Werk*. Würzburg: Königshausen & Neumann, 1999, S. 111

Z. 30) gekennzeichnet, aber nur gelegentlich ist klar der wörtliche Eintrag ins Buch zu erkennen (z. B. wenn vor Müdigkeit abgebrochen wird S. 10, Z. 2). Die Schilderung der einzelnen Geschehnisse und Episoden ist so plastisch und detailliert, dass der Leser dies nicht als erinnertes Resümee wahrnimmt, sondern sie als Handlungsgegenwart begreift. Es gibt recht viel wörtliche Rede. Auch dies ist ein Zeichen dafür, dass Erlebnisse hier nicht am Ende eines Tages zusammengefasst und im Tagebuch reflektierend festgehalten werden. Außerdem wechselt das Erzähltempus beständig zwischen Präsens und Präteritum.

→ Der Adressat des Textes ist nicht die schreibende Person, die eine Stütze der Erinnerung haben möchte. Dies wird zwar anfangs angegeben (vgl. S. 4, Z. 9), letztlich wendet die Protagonistin sich aber mit Erklärungen und Rechtfertigungen an einen impliziten Leser („Und alles kam so: …", S. 13, Z. 5), der nicht mit der Protagonistin gleichgesetzt werden kann. Damit verliert der Text seinen für Tagebuchromane typischen monologischen Charakter. Die Eintragungen dienen also nicht nur als Gedächtnisstütze.

→ Das Tagebuch spielt eine eigene Rolle mit symbolischem Charakter. So wird es als Möglichkeit der Offenbarung ihrer Geschichte gegenüber Ernst („dem grünen Moos", S. 90, Z. 32 f.) eingesetzt (S. 106 f.), es dient dem Gewinn von Ansehen und Prestige bei Kolleginnen, Literaten und Café-Besuchern. Schreiben ist für Doris die Möglichkeit der Beschäftigung zur Überwindung von Müdigkeit (S. 88, Z. 36) oder Verzweiflung. Das Tagebuch wird personifiziert und zum Zufluchtsort:

„Ich schreibe, weil meine Hand was tun will und mein Heft mit den weißen Seiten und Linien ein Bereitsein hat, meine Gedanken und mein Müdes aufzunehmen und ein Bett zu sein, in dem meine Buchstaben dann liegen, wodurch wenigstens etwas von mir ein Bett hat.“ (S. 84, Z. 15 ff.)

→ Auch stilistisch grenzt die Schreiberin sich von vornherein ab, indem sie ausdrücklich nicht der Tagebuchform folgt, das sei „lächerlich“ (S. 4, Z. 5), sondern den Film als Vorbild hat.
→ Die angedeuteten Schwächen der Protagonistin hinsichtlich ihrer Orthografie sind im Roman nicht umgesetzt. Dies ist ein weiteres Zeichen dafür, dass wir es hier mit unterschiedlichen Facetten eines erzählenden Ichs zu tun haben.

Das kunstseidene Mädchen als Diskursroman

Auch in weiterer Hinsicht wird mit der Tagebuchform gebrochen. In einem dreieinhalbseitigen Vorlauf wird die Schreibweise nicht nur eingeleitet, sondern geradezu inszeniert. Dadurch, dass Doris sich in Pose setzt und damit die Künstlichkeit der Situation akzentuiert und zudem ausdrücklich über ihre Intention und den Schreibstil reflektiert, gerät der Roman *Das kunstseidene Mädchen* in die Nähe des Diskursromans. Dieser befindet sich auf einer metafiktionalen Ebene des Offenlegens von sprachlicher Gestaltung und Struktur. Der Roman suggeriert einerseits immer wieder zeitliche Nähe der Geschehnisse und Unmittelbarkeit des Schreibaktes. Andererseits fungiert das „Taubenbuch“ (S. 7, Z. 34) als Gegenstand und Objekt, unabhängig vom Inhalt als Möglichkeit, Blicke auf sich zu lenken und Eindruck auf andere zu machen oder als Beschäftigung zur Überwindung von Müdigkeit (S. 84, Z. 15 ff.). Daneben hat es die Funktion, unmittelbar Emotionen für den Leser zu vermitteln (vgl. S. 122).

Das Geschriebene, der Inhalt des Buches, wird auch eingesetzt, um Geständnisse (vgl. S. 106, Z. 17 ff.) zu machen. Während aber Ernst das Tagebuch liest, wird weitererzählt (vgl. dazu den Abschnitt zur Beziehung Doris–Ernst in Kap. 3.4 dieser Erläuterung). Damit ist offenkundig, dass die Anlage des Textes als Tagebuchroman nur eine Strategie des Erzählens darstellt. Ein weiteres Indiz sind die wörtlich aufgeführten Briefe (S. 112 f.; S. 116 f.).

Literarischer Kontext

Wichtige Romane der Weimarer Republik sind u. v. a.:

Thomas Mann	*Der Zauberberg* (1924)	Krankheit, Verfall, Erotik, Tradition der Décadence der Jahrhundertwende
Hermann Hesse	*Der Steppenwolf* (1927)	zeit- und gesellschaftskritische Auseinandersetzung mit bürgerlichen Vorstellungen und Systemen, Kulturpessimismus
Anna Seghers	*Der Aufstand der Fischer von St. Barbara* (1928)	Aufbegehren armer Fischer
Erich Maria Remarque	*Im Westen nichts Neues* (1929)	kritische Auseinandersetzung mit dem Ersten Weltkrieg
Alfred Döblin	*Berlin Alexanderplatz* (1929)	bedeutendster deutscher Großstadtroman in der Nachfolge von Joyces *Ulysses* (1922, Assoziation und Monologe) und Dos Passos' *Manhattan Transfer* (1925, Aneinanderreihung von Szenen und Bildern wie im Film), Wegbereiter der Neuen Sachlichkeit
Robert Musil	*Der Mann ohne Eigenschaften* (1930/33)	Ausdruck der Krise des Individuums und der Unmöglichkeit Wirklichkeit als Einheit zu erfassen
Erich Kästner	*Fabian* (1931)	satirischer Roman, in dem der Held auf tragikomische Weise scheitert

Hans Fallada	*Kleiner Mann – Was nun?* (1932)	Erfolgsroman, in dem ein kleiner Angestellter erkennen muss, dass nicht die Anständigen, sondern die Schwindler in der modernen Welt Erfolg haben (vgl. dazu den Auszug des Romans in Kap. 5 dieser Erläuterung)
Joseph Roth	*Radetzkymarsch* (1932)	Familiensaga, Verfall des Habsburgerreiches, Verknüpfung von Privatexistenz und historischen Prozessen

2.3 Angaben und Erläuterungen zu wesentlichen Werken

ZUSAMMEN-FASSUNG

Irmgard Keuns Debütroman *Gilgi – eine von uns* und *Das kunstseidene Mädchen* zählen zu den bekanntesten Werken der Schriftstellerin. *Nach Mitternacht* gilt als ihr bester Roman.

Nach dem Zweiten Weltkrieg konnte sie an ihre früheren Erfolge nicht mehr anknüpfen und ihr Werk geriet in Vergessenheit, bis es in den 1970er Jahren eine Renaissance erlebte.

Gilgi – eine von uns (1931)

Debütroman

Gilgi ist eine junge ehrgeizige Stenotypistin, die sich mit sehr viel Fleiß und Disziplin einen Platz im Leben erkämpft hat. Dann beginnt sie ein Liebesverhältnis zu einem äußerst fragwürdigen Mann. Sie wird schwanger, trennt sich dann aber heroisch von ihm und will entschlossen und ungebrochen ein neues Leben in der Großstadt Berlin beginnen.

Nach Mitternacht (1937 im Exil geschrieben)

Der Roman wird im Rückblick aus der Sicht der inzwischen 19-jährigen Susanne Moder erzählt, zwei Tage bevor sie mit ihrem Verlobten aus dem nationalsozialistischen Deutschland flieht.

Als 16-jährige verlässt Susanne ihr Elternhaus in einem Dorf an der Mosel und kommt zu ihrer Tante nach Köln. Zwischen Tante und Nichte entstehen unüberbrückbare Feindseligkeiten aufgrund der nationalsozialistischen Begeisterung der Tante und dem von ihr missbilligten Liebesverhältnis zwischen ihrem Sohn Franz und Susanne. Die Tante denunziert Susanne bei der Gestapo und Franz, der inzwischen ein kleines Geschäft aufgebaut hat, wird von einem Konkurrenten denunziert. Während Susanne aber nach dem Verhör zu ihrem Stiefbruder Algin nach Frankfurt reisen kann, kommt Franz für zwei Jahre ins Gefängnis und verliert jede Lebengrundlage. Auch der bislang sehr erfolgreiche Algin gehört inzwischen zu den von den Nazis boykottierten Schriftstellern, seine Werke stehen auf der schwarzen Liste. Als Franz aus dem Gefängnis entlassen wird, tötet er den Denunzianten, sucht Susanne und flieht mit ihr nach Holland.

Gilt als der beste Roman Keuns

Der Roman gilt als der beste der Romane Irmgard Keuns und bietet ein bedrückendes Bild des faschistischen Deutschlands in der Mitte der 1930er Jahre. Als Zeitroman führt er die in den beiden vorangegangenen Romanen erfolgten Beschreibungen chronologisch weiter. Er wurde 1981 mit Désirée Nosbusch in der Hauptrolle verfilmt, Regie führte Wolf Gremm.

3. TEXTANALYSE UND -INTERPRETATION

3.1 Entstehung und Quellen

ZUSAMMEN-
FASSUNG

Irmgard Keuns Debütroman *Gilgi – eine von uns* erschien 1931 und wurde zu einem Verkaufserfolg. Literarisch knüpft sie mit ihrem zweiten Werk *Das kunstseidene Mädchen* 1932 daran an, das zu einem Bestseller wird. Dieser Roman nimmt die Zeit und viele Lebenserfahrungen der Autorin selbst auf. Den Vorwürfen, der Roman ähnele sehr Robert Neumanns *Karriere*, widerspricht sie heftig.

Literarisches Anknüpfen an ersten Roman:
→ *Gilgi – eine von uns* (1931) wird zum Verkaufserfolg
→ *Das kunstseidene Mädchen* (1932) wird zum Bestseller
Autobiografische Erfahrungen:
→ Arbeit als Stenotypistin
→ Besuch der Schauspielschule in Köln, Abbrechen der Ausbildung wegen ausbleibendem Bühnenerfolg
→ Großstadterfahrung
→ Persönliche Beobachtungen und Einstellungen
Literarische Vorbilder:
→ Angestelltenromane der 1920/30er Jahre
→ Literarische Traditionen (vgl. dazu den Abschnitt zum literarischen Kontext im Kap. 2.2 dieser Erläuterung)

Nach dem umjubelten Erfolg von *Gilgi* wurde *Das kunstseidene Mädchen* ein noch größerer Erfolg. Obwohl Irmgard Keun in einem Interview 1982[16] eher von Beobachtungen an anderen als von der Verarbeitung eigener Erlebnisse in ihrem Roman sprach, sind die autobiografischen Parallelen dennoch unübersehbar.

Plagiatsvorwurf

Kurz nach der Erscheinung des Romans tauchte der Vorwurf auf, Irmgard Keun habe aus Robert Neumanns Roman *Karriere* (1931) abgeschrieben, ein Tatbestand, den sie jedoch heftig bestritt.

Sie bat Kurt Tucholsky um Hilfe; dieser jedoch fand die Ähnlichkeit ebenfalls augenfällig, obwohl er sie sonst für eine hochbegabte Schriftstellerin hielt.

Der Plagiatsvorwurf wurde auch noch in den ausgehenden 1960er Jahren aufgegriffen, Neumann distanzierte sich dann aber von allen Vorwürfen.

Vergleiche wurden auch mit Anita Loos' Roman *Blondinen bevorzugt* (1925) angestellt.

---

16 Macker, Christa: *Emanzipiert bin ich, seit ich denken kann. Gespräch mit Irmgard Keun*. In: „Frankfurter Rundschau" vom 15. 5. 1982

3.2 Inhaltsangabe

ZUSAMMEN-FASSUNG

Der Roman ist aus der Perspektive der Protagonistin Doris verfasst, die in einer Kleinstadt als Schreibkraft tätig ist, einen unsittlichen Übergriff ihres Chefs ablehnt, daraufhin fristlos entlassen wird und beim Theater anfängt. Auch hier verwirklicht sie nicht ihren Traum, berühmt, d. h. „ein Glanz" zu werden. Nach vielen Lügen, Intrigen und dem Diebstahl eines Pelzmantels muss sie fliehen und geht nach Berlin. Dort kommt sie notdürftig unter, macht wechselnde Männerbekanntschaften, von denen sie sich unterschiedlich lange aushalten lässt. Berlin wirkt anfangs stimulierend auf sie, zunehmend erfährt sie aber die Probleme der Arbeits- und Wohnungslosigkeit und der sich zuspitzenden ökonomischen und politischen Verhältnisse. Als sie schon tief gesunken ist, wird sie von einem Mann, Ernst, aufgenommen, mit dem sie allmählich ein eheähnliches Verhältnis beginnt. Am Schluss verzichtet sie aber auf ihn und bringt ihn wieder mit seiner Ehefrau in Kontakt. Der Roman endet ohne Aussicht auf Besserung der Verhältnisse für Doris.

Erster Teil

Ende des Sommers und die mittlere Stadt (S. 3–38)

Zusammenfassung:

Nach der Kündigung ihres Bürojobs versucht Doris vergeblich im Theater Fuß zu fassen, weil sie beschlossen hat, berühmt zu werden. Da sie aus der Garderobe einen Fehmantel stiehlt, muss sie fluchtartig ihren Heimatort verlassen und geht nach Berlin.

Verlust ihrer Arbeit

Doris arbeitet als Sekretärin im Büro eines Rechtsanwaltes in einer Provinzstadt im „Rheinland mit Industrie“ (S. 54, Z. 18). Sie wohnt noch zu Hause bei ihren Eltern. Von ihrem Verdienst muss sie dort einen Teil abtreten, da der Vater arbeitslos ist. Ihre Mutter arbeitet in der Garderobe eines Theaters. Doris verachtet ihren Arbeitgeber und hat große Probleme mit der Rechtschreibung. Um diese zu kaschieren, lenkt sie ihren Chef trotz des persönlichen Widerwillens mit sinnlichen Blicken ab. Früher als geplant reagiert er aber darauf und es kommt zu Zudringlichkeiten seinerseits. Die Situation endet mit einer Kündigung. Doris gelingt es aber noch, ihn ihr Schweigen über sein Verhalten mit der Bezahlung bis zum Monatsende erkaufen zu lassen. Einen Teil des Geldes setzt sie sogleich in Kleidung um, denn sie plant eine Karriere als Mannequin.

Statistenrolle beim Theater

Aber es kommt anders: Durch die Beziehungen ihrer Mutter zum Theater bekommt sie dort eine Komparsenrolle. Doris nimmt das Theaterleben mit seinen verschiedenen Gruppierungen genau wahr. Sie spürt sehr schnell die Verachtung, die die ‚richtigen‘ Schauspieler ihr gegenüber zeigen. Deshalb erfindet sie ein Liebesverhältnis mit dem Theaterdirektor Leo Olmütz. Sofort sind alle Mädchen an ihr und den Geschichten interessiert. Sie zeigen ihren Respekt und möchten Doris’ vermeintliche Beziehungen für das eigene Fortkommen nutzen. Weil sie Konkurrentinnen rücksichtslos ausschaltet, bekommt Doris eine Sprechrolle in einem der Stücke. Von der Direktion als „ausgesprochen komische Begabung“ (S. 25, Z. 27 f.) eingestuft, wird ihr sogar ein Stipendium an der Schauspielschule zugesichert.

Diebstahl des Fehmantels

Doch Doris verstrickt sich zu sehr in ihr Netz von Lügen um ihr vermeintliches Verhältnis zu Leo und muss fluchtartig das Theater verlassen – nicht ohne etwas mitgehen zu lassen: Sie stiehlt aus der unbewachten Garderobe einen Eichhörnchenpelzmantel (Feh), der sie von diesem Zeitpunkt an ständig umhüllt und begleitet. Sie trifft sich noch am gleichen Tag mit Hubert, ihrer Jugendliebe. Dieser hatte sie damals aus, wie er sagte, moralischen Gründen verlassen. Doris hatte diese Begründung aber schnell als scheinheilig durchschaut und auch bei dieser Begegnung muss sie enttäuscht feststellen, dass Hubert nur wieder an ihr interessiert ist, weil seine ehrgeizigen Pläne gescheitert sind und er bei ihr Geld und Beziehungen vermutet. Von ihrer Freundin Therese bekommt Doris Geld und geht nach Berlin.

Treffen mit Hubert und Flucht nach Berlin

Zweiter Teil
Später Herbst – und die große Stadt (S. 39–83)

Zusammenfassung:
In Berlin macht Doris wechselnde Männerbekanntschaften und lernt die Großstadt in ihren verschiedenen sozialen Schichtungen kennen. Ihr gelingt keine feste Beziehung, arbeiten will sie um keinen Preis und so endet dieser Teil für Doris so, dass sie allein, ohne Wohnung und ohne Aussicht auf bessere Zustände ist.

Doris wohnt erst bei Margrete, dann bei Tilli

Die Großstadt Berlin erfüllt Doris mit Spannung und Erwartung. Aufmerksam beobachtet sie das bunte Treiben um sie herum und erprobt die eigene Wirkung in ihrem Feh auf Männer, durchaus mit Erfolg. Anfangs kommt sie bei Margrete Weißbach unter. Diese ist eine Freundin von Therese, hochschwanger und mit einem arbeitslosen, verbitterten Mann verheiratet. Sie leben unter ärmlichsten Bedingungen. Nachdem das Kind geboren ist, verlässt Doris die kleine Familie und zieht zu einer früheren Kollegin Margretes, zu Tilli Scherer. Deren Mann Albert hat Arbeit außerhalb Berlins gefunden. Tilli nimmt Doris in ihrer Zweizimmer-Wohnung am Alexanderplatz auf und die beiden Frauen entwickeln schnell eine freundschaftliche Beziehung zueinander. Tilli möchte wie

Doris „ein Glanz“ (S. 45, Z. 32) werden, allerdings beim Film. Deshalb sucht sie häufig auf der Filmbörse nach Angeboten. Die beiden kommen überein, dass Doris kostenlos bei ihr wohnen kann, wenn diese ihr gelegentlich den Fehmantel leiht.

Wechselnde Männerbekanntschaften

Doris hält sich durch wechselnde Männerbekanntschaften über Wasser; von den Männern lässt sie sich aushalten und Kleidung schenken. Dies war auch schon in ihrer Heimatstadt der Fall, jetzt aber ist es ihre einzige Einnahmequelle, da sie keine Papiere hat und auch fürchtet, wegen des Feh-Diebstahls gesucht zu werden. Einer dieser Männer ist der „rote Mond“ (S. 46, Z. 23), ein nach eigenen Angaben berühmter Schriftsteller, dessen Frau im Urlaub ist. Sie kann ihn bei einem Besuch in seiner Wohnung von seinen erotischen Absichten ablenken, indem sie das Gespräch auf seine Romane lenkt. Während er vorliest und sie sich langweilt, stiehlt sie nacheinander fünf seidene Nachthemden und verschwindet dann.

Eine weitere Affäre entwickelt sich, als sie in der „hochherrschaftlichen Onyxfamilie“ (S. 50, Z. 13 f.) die ungezogenen Kinder hütet und eines Abends ein Freund des Mannes kommt. Doris verliebt sich sofort in den „Schönen“ (S. 51, Z. 14) und geht mit ihm mit. Am nächsten Tag wird sie entrüstet entlassen, weil der Mann seinem Freund sofort von der Eroberung erzählt hat. Die Hausherrin ereifert sich über Doris' Unmoral. Man kann allerdings vermuten, dass der Hausherr selbst Ambitionen hatte. Mit anderen Männern geht sie mit und bezahlt mit ihrem Körper, dass diese sie freihalten. Dennoch hat sie Angst, zur Hure zu werden, „wie dem Rannowsky seine Weiber“ (S. 52, Z. 35). Sie verfolgt täglich das brutale Auftreten dieses Zuhälters, der im Haus unter ihnen wohnt.

Berlin-Beschreibung für den blinden Herrn Brenner

Einen weiteren Mitbewohner des Mietshauses, in dem sie bei Tilli wohnt, besucht sie hingegen regelmäßig und gern. Es handelt sich um den kriegsblinden Elsässer Brenner, der von seiner bösen, alten Frau bevormundet und schlecht behandelt wird. Ihm beschreibt sie die Stadt und alles, was ihr gut gefällt. Als Brenner dann in ein Heim muss, bittet Doris seine Frau um die Erlaubnis, einen Abend in der Stadt mit ihm verbringen zu dürfen. Sie möchte ihm ihr Berlin zeigen, bevor er seine Freiheit völlig verliert. Nach langem Kampf stimmt die Ehefrau zu und Doris geht mit Brenner durch Berlin, beschreibt ihm die Umgebung und geht mit ihm in Lokale. Aber statt ihn froh und glücklich zu machen, zeigt Brenner ihr die dunklen Seiten der Stadt auf: die Armut, den Schmutz und die Verzweiflung. Glücklicherweise verbreiten jedenfalls am Ende des Ausflugs vier junge Sänger ein wenig Hoffnung und Zuversicht.

Der reiche Industrielle

Dann trifft Doris auf den reichen Industriellen Alexander. Sie wird seine Mätresse, zieht zu ihm und wird von ihm mit Luxus umgeben und darf sogar ihrer Mutter und Therese Geld und Weihnachtsgeschenke schicken. Nach beiden sehnt sie sich sehr. Als unerwartet die Frau des Industriellen zurückkommt und er zeitgleich wegen finanzieller Schwierigkeiten verhaftet wird, kehrt Doris zu Tilli zurück. Das Zusammenleben dort erweist sich aber als immer schwieriger, denn Tillis Mann Albert ist jetzt zu Hause, ohne Arbeit, verbittert und hart, während Tilli putzen geht. In dieser Situation entwickelt sich ein spannungsgeladenes Verhältnis, weil Albert ein Auge auf Doris wirft und Tilli dies spürt. Als schließlich auch noch Hulla, eine der Huren Rannowskys, aus Furcht vor dessen Brutalität aus dem Fenster springt, verlässt Doris das Haus.

Auszug bei Tilli

Nur für kurze Zeit reicht ihr Geld für ein möbliertes Zimmer, dann zieht Doris zu einem früheren Bekannten, Lippi Wiesel. Ihm gegenüber hat sie sich durch Lügen interessant gemacht, aber spätestens am Weihnachtsabend wird klar, dass er nur eine sexuelle Beziehung zu ihr will und sie nicht als Person achtet. Sie flieht vor seiner Zudringlichkeit und verbringt die Weihnachtsnacht auf einer Parkbank im Tiergarten.

Dritter Teil

Sehr viel Winter und ein Wartesaal (S. 84–130)

Zusammenfassung:

Doris ist obdachlos und verbringt viel Zeit im „Wartesaal Zoo" (S. 84, Z. 4). Ihr glückt keine Beziehung und sie denkt über Prostitution nach. In dieser Lage wird sie von einem Mann aufgegriffen, der von seiner Frau verlassen wurde und der nicht allein sein möchte. Trotz anfänglicher Abneigung entwickelt Doris allmählich starke Gefühle für ihn, arrangiert aber am Schluss die Wiederherstellung der Beziehung zu dessen Ehefrau. Sie selbst bleibt mittellos und allein zurück.

Doris ist obdachlos

Jetzt ist Doris am Tiefpunkt ihres bisherigen Lebens angekommen. Statt von allen geliebt und bewundert zu sein, verbringt sie ihre Zeit mit ihrem Koffer im Wartesaal vom Bahnhof Zoo und wird sogar von den Kellnern und der Toilettenfrau verachtet. Sie geht mit jedem mit, der ihr Essen oder Getränke bezahlt. Nur gelegentlich erhält sie etwas ohne Gegenleistung: Sie darf kostenlos in einem Taxi schlafen oder bekommt etwas zu essen. Als kaum noch Alternativen gegeben sind und Doris ernsthaft über Prostitution nachdenkt – sie belügt sich dabei selbst und gibt vor, lediglich ein einziges Mal Geld für einen Neuanfang verdienen zu wollen – begegnet sie Ernst, dem Mann mit einer „Stimme wie dunkelgrünes Moos" (S. 90, Z. 28). Ihm ist die Frau weggelaufen und er nimmt Doris mit zu sich nach Hause. Er will abends nicht in eine leere Wohnung kommen.

Ernst nimmt Doris bei sich auf und sie spielt Hausfrau

Anfangs ist Doris nur froh ausschlafen zu können und sich körperlich zu erholen. Ihren bisherigen Erfahrungen widerspricht allerdings völlig, dass er keine Gegenleistung von ihr erwartet, sondern nur ihre Gegenwart möchte. Dank seiner Fürsorge und der Geborgenheit erholt sich Doris zusehends. Obwohl sie Ernst anfangs völlig ablehnt und ihn für zu weich und unmännlich hält, entwickelt sie nach und nach eine echte Liebe zu diesem Mann. Sie übernimmt zusehends die Rolle der liebenden Ehefrau, putzt, flickt und kocht. Ernst weiß dies zu schätzen, kann aber seine Frau Hanne nicht vergessen.

Selbstlos bringt sie Ernst wieder mit seiner Frau zusammen und steht am Ende wieder auf der Straße

Als ein Brief von Hanne kommt, verbirgt Doris diesen unter dem Teppich, nicht ohne den Brief vorher gelesen zu haben. Am Ende muss Doris dann aber doch erkennen, dass Ernst seine Frau immer noch liebt, trotz der Fürsorge und Aufmerksamkeit, die er Doris gegenüber gezeigt hat. Deshalb entschließt sie sich zu einem Besuch bei der Ehefrau und stellt die Möglichkeit eines erneuten Kontaktes zwischen den beiden wieder her. Sie selbst verzichtet und verlässt heimlich ohne Abschied Ernst und die Wohnung. Durch einen Brief informiert sie ihn über die Zusammenhänge. Danach ist sie wieder, wo sie zu Beginn ihres Aufenthalts in Berlin war: im Bahnhof Friedrichstraße, mit ihrem Feh als Trost und Schutz.

3.3 Aufbau

ZUSAMMEN-FASSUNG

Der Roman besteht aus drei Teilen und bildet die Lebenssituation der Protagonistin ab. Er beginnt Ende des Sommers 1931 in einer mittleren Stadt und konzentriert sich im zweiten und dritten Teil auf die große Stadt (Berlin) im Herbst und Winter 1931/1932.
Das kunstseidene Mädchen ist ein Buch voller Kontraste und die Ereignisse werden aus der subjektiven Perspektive der Hauptfigur in der Form des monologischen Sprechens geschildert.

Roman in drei Teilen

Der Roman ist in drei ungefähr gleich lange Teile aufgeteilt:
Erster Teil: *Ende des Sommers und die mittlere Stadt*
Zweiter Teil: *Später Herbst – und die große Stadt*
Dritter Teil: *Sehr viel Winter und ein Wartesaal*

Überschriften

Die Überschriften folgen der Chronologie der Ereignisse und verweisen auf Ort und Zeiträume der Geschehnisse. Gleichzeitig kennzeichnen sie auch ansatzweise die Stimmung der Protagonistin durch die symbolträchtigen Jahreszeiten und die zur Assoziation einladenden Orte. So werden Langeweile und Erwartung, Niedergang und Hoffnungslosigkeit, Kälte, Einsamkeit und Heimatlosigkeit, der Verlust von Zugehörigkeit und die Sehnsucht nach Halt und Heimat thematisch aufgenommen.

Nicht nur die Überschriften verdeutlichen die Kontraste, das gesamte Werk erweist sich als ein Roman der Gegensätzlichkeit:

Großstadt	⟷	**Provinz**
→ Glanz		→ Niedergang
→ Maskerade, Zerstreuung, Entertaintment		→ bittere Realität, Verzweiflung
→ Reichtum		→ Armut
→ Moralität		→ Zügellosigkeit
→ Ängste, Verzweiflung		→ Mut, Hoffnung
→ Brutalität		→ Liebe

Kontraste

Dies und vieles mehr wird teilweise in hartem Kontrast nebeneinandergestellt. Als Beispiel soll hier die Beschreibung der Großstadt durch Doris vor und nach dem Spaziergang mit Brenner dienen:

„… eine mit gelber Bluse lacht russisch – Männer sind froh ohne Frauen und betrunken ohne Wünsche und streicheln sich gegenseitig die Schultern aus besoffener Liebe zu allem –" (S. 64, Z. 26 ff.)

„Und manchmal lacht einer – und stopft sich mit seinem Lachen den ganzen Ärger von gestern und morgen in den Mund zurück, indem der rausquillt … – da sind Reden aus vielen Mündern, die fließen aufeinander zu wie ein Fluss mit ertrunkenen Leichen …" (S. 70, Z. 36 ff.)

Ein weiteres, sehr anschauliches Beispiel ist der Entwurf von abzulehnender (S. 47, Z. 35 ff. bis S. 48, Z. 1–7) und erstrebenswerter (S. 48, Z. 8–33) Rolle als Frau:

„[Sie] ist glücklich mit ihm und schäbigem Pfeffer- und Salzmantel und Zweizimmerwohnung und Blumentöpfen mit Ablegern und sonntags Napfkuchen …" (S. 48, Z. 3 ff.)

„Verkäufer fallen hin vor Aufregung, wenn sie kommen und doch nichts kaufen. Und sie lächeln Fremdworte richtig, wenn sie welche falsch aussprechen." (S. 70, Z. 36 ff.)

Der Roman *Das kunstseidene Mädchen* ist aus der subjektiven Sicht einer jungen Frau in der Ich-Perspektive verfasst. Dabei macht die Protagonistin selbst Angaben zu ihrem Stil und zur Textsorte. Sie gibt vor, ein Tagebuch zu schreiben (vgl. dazu den Abschnitt zur literarischen Einordnung des Romans im Kap. 2.2 dieser Erläuterung), distanziert sich aber gleich von simplen mädchenhaften Aufzeichnungen. Allerdings rechtfertigt sich die häufig eingesetzte Technik des Bewusstseinsstroms (stream of consciousness) durch die fingierte Tagebuchsituation. Der Roman ist als Ganzes in der Form des monologischen Sprechens abgefasst.

Ich-Perspektive, stream of consciousness, monologisches Sprechen

3.4 Personenkonstellation und Charakteristiken

ZUSAMMEN-FASSUNG

Die wichtigste Person ist

Doris:

- → strebt nach Selbstständigkeit und Luxus, möchte aber keine geregelte Arbeit,
- → will berühmt werden, glaubt, dass ihr dies möglich ist, weil sie jung, hübsch und attraktiv ist,
- → setzt körperliche Reize gegenüber Männern konsequent ein, um eingeladen und ausgehalten zu werden,
- → ihre konservativen Moralvorstellungen halten sie nicht davon ab, mit Männern mitzugehen, wenn ihr dadurch ein Leben in Luxus in Aussicht steht,
- → stiehlt ohne ein schlechtes Gewissen,
- → ist bestrebt, Gutes zu tun, insbesondere Frauen zu helfen,
- → zu ihrem Jugendfreund Hubert, zum blinden Kriegsveteran Brenner und zu Ernst hat sie eine besondere Beziehung.

Wir stellen Doris ausführlich vor und gehen außerdem auf ihre Beziehung zu Therese, ihrer Mutter, Tilli, ihrem Vater, Hubert, Herrn Brenner und zu Ernst ein.

Charakteristik der Hauptfigur Doris

Subjektivität der Ich-Perspektive

Bei der Beschreibung der Charaktere und der Beziehung der Protagonistin zu anderen Personen muss die Subjektivität der Perspektive einbezogen werden. Abgesehen von den Äußerungen der Ich-Erzählerin gibt es keine anderen Sichtweisen, also kein korrigierendes Korrelat.

Doris im ersten Teil:

→ ehrgeizig, aufstrebend, selbstbewusst
→ risikobereit, sucht Neues und aufregende Erlebnisse
→ stolz auf ihre Schönheit und den Eindruck, den sie auf Männer macht
→ hält sich für anständig und etwas Besseres, bewertet rigoros Männer und Frauen
→ sucht Unabhängigkeit und Ruhm, ist dafür zu Lügen, Diebstahl und Intrigen bereit
→ hat eine innige Beziehung zur Mutter und zu Therese

Doris im zweiten Teil:

→ anfangs voller Spannung und Vorfreude bzw. Erwartung
→ lässt sich von der Vielfalt der Großstadt mitreißen, ist fasziniert von der Großstadt
→ erfährt ihre eigene Begrenztheit in sozialer, finanzieller und intellektueller Hinsicht
→ macht viele Männerbekanntschaften in extrem entgegengesetzten Milieus (Zuhälter bis reiche Industrielle)
→ ist zunehmend desillusioniert, sehnt sich vergeblich nach Glück und Liebe
→ verhält sich opportunistisch, verliert Freunde (durch kurzsichtiges und egoistisches Verhalten oder Sehnsucht nach Zärtlichkeit)

Doris im dritten Teil:

→ ist ratlos und einsam, hungrig und müde, ohne finanzielle und soziale Sicherheiten, ohne feste Bleibe
→ verliert dadurch an Schönheit und Attraktivität
→ muss ums Überleben kämpfen anstelle einer Karriereplanung

- → lernt bei Ernst, dem „grünen Moos“, erstmals Fürsorge und bürgerliche Existenz schätzen, erfährt vorbehaltlose Akzeptanz ihrer Person
- → versucht Selbstkritik, moralische Besserung, ist sich der mangelnden Bildung bewusst
- → übt Verzicht, ist altruistisch

Ausführliche Beschreibung von Doris:

Attraktiv

Eine hervorstechende Eigenschaft von Doris ist, dass sie stolz auf ihr Äußeres ist. Sie beschreibt sich in verschiedenen Zusammenhängen als nahezu makellos schön. Eine recht detaillierte Beschreibung ihres Äußeren ergibt sich beispielsweise aus der Frage des blinden Brenner: „Wie sehen Sie eigentlich aus?“ (S. 57, Z. 22 f.) Hier versucht sie eine distanzierte und objektive Beschreibung, die Freude über ihre Schönheit ist dennoch herauszuhören (vgl. S. 57, Z. 35 bis S. 57, Z. 9: schöne Figur, schlank, braunschwarze Augen, lange Wimpern, sinnlicher kleiner Mund, zarter Teint, blass, aber rotwangig bei Aufregung, dauergewelltes schwarzes Haar, glatte, makellose Haut, erstklassiger Bauch, beschwingter Gang). Sie weiß sehr genau um die Anziehungskraft, die sie auf Männer ausübt, und möchte „ein Glanz“ (z. B. S. 26) werden. So tut sie alles, um ihre körperliche Attraktivität zu betonen und ihre Wirkung auf Männer zu erproben. Dabei ist sie sehr mode- und körperbewusst, ohne aber ihre Individualität zu verlieren: „... ich finde, man soll sich nicht so schminken, dass man ein Lachen hat, das einem nicht mehr aufs eigene Gesicht gehört“ (S. 30, Z. 27 ff.).

Körperbewusst

Ihr Körper ist ihr Kapital. Sie setzt ihn ein als Gegenleistung für Essen, Trinken und Freundlichkeit, ohne dass ihr moralische Bedenken kommen. Prostitution ist ihrer Meinung nach etwas ganz anderes. Nur wenige Male hat körperliche Hingabe etwas mit wirklicher Liebe zu tun: ihre erste sexuelle Erfahrung macht sie mit ihrer Jugendliebe Hubert, den schönen Freund ihres Arbeitgebers (‚Onyxfamilie') liebt sie aus freien Stücken, von Brenner lässt sie sich gern berühren. Auf die Zärtlichkeiten von Ernst, dem „grünen Moos", reagiert sie intensiv, verschiebt aber bei ihm den Schwerpunkt auf Trost und Gemeinsamkeit. In allen anderen Fällen trennt sie streng zwischen Liebe und „Verschiedenes" (S. 66, Z. 12).

Emotional, kess

Doris ist das Gegenteil einer kühl berechnenden Frau. Ihre Emotionen sind meist stark und unmittelbar und schwanken situationsbedingt hin und her zwischen Wut, Empörung, Freude, Mitleid, Sehnsucht, Angst, Hoffnung, Rührung, Erregung u. v. m. Dabei reagiert sie häufig ohne lange zu überlegen, gibt sich aber anfangs vorausschauend und zielstrebig. Doris wirkt kess und schlagfertig, durchschaut aber nicht alle Situationen. Bemerkenswert ist, dass sie ihre Mitmenschen, flüchtige oder anhaltendere Begegnungen konstant mit metaphorischen Ausdrücken (häufig negativer Art) belegt.

Selbstständig

Sie möchte unabhängig und selbstständig sein. Das führt z. B. dazu, dass sie keinem etwas schuldig bleiben möchte. Das gilt sowohl für Männer (Liebesdienste und Aufmerksamkeit) als auch für Frauen (Verleihen des Fehs, Verschenken von persönlichem Besitz, Rückzahlung von Geld etc.). Als Gegenleistung für den sie umgebenden Luxus hört sie dem Fabrikanten stundenlang zu, wenn er von seiner Kindheit berichtet. Diese Geduld bringt sie dem selbstverliebten Schriftsteller gegenüber nicht auf. Sie kommt auf den ersten Blick recht gut allein durchs Leben, dennoch wünscht sie sich gelegentlich Schutz und Führung (vgl. S. 81, Z. 32 ff.). Zwar hat sie sich Ziele gesetzt und tritt entschieden und selbstbewusst auf, wenn diese Pläne umgesetzt werden sollen. Auch in nahezu verzweifelten Situationen fällt ihr häufig nach kurzer Bedenkzeit immer eine Möglichkeit zur Lösung des Problems ein. Da sie aber nicht langfristig plant und ständig auf Zufälle reagiert, scheitert sie am Ende. Nur selten ist sie aufgrund der psychischen und körperlichen Erschöpfung am Rande des Selbstmitleids (zu Beginn und zum Ende des dritten Teils: S. 84, Z. 6–9; S. 124, Z. 6–13). Insgesamt nimmt sie eher die Dinge als gegeben hin.

Liebt Zerstreuung, positiv denkend, romantisch

Doris liebt die Zerstreuung, den Glanz und Unterhaltung. Deshalb fällt ihr auch in schwierigen Situationen vor allem ein, dass sie ins Kino möchte (S. 90, Z. 24 f.). Sie hat eine ausgesprochene Neigung, das Positive zu sehen. Das fällt vor allem bei der Beschreibung ‚ihres Berlins' auf. Auch ein Hang zur romantischen Verklärung ist ihr eigen.

Obwohl sie sich aus der familiären Bindung löst und auf eine bürgerliche Existenz verzichtet, hat sie dennoch viele bürgerliche Moralbegriffe internalisiert:

Bürgerliche Werte: gut, freundlich, schamhaft, sparsam, warmherzig, hilfsbereit

- → Sie würde gern gut sein und anderen Freude bereiten, sieht sich aber angesichts der rauen Wirklichkeit nicht immer imstande, dies zu leisten. Jedenfalls ist sie dankbar für die Situationen, in denen ihr dies möglich ist (vgl. S. 58, Z. 29 f.; S. 67, Z. 3 ff.; S. 68, Z. 11 ff.; S. 74, Z. 1 ff.).
- → Sie hat Scham- und Ehrgefühl, auch wenn sie in erotischer Hinsicht nicht bürgerlichen Moralvorstellungen entspricht. Bestimmte Körperzonen (Schenkel) oder tabuisierte Bereiche will sie nicht ansprechen und nicht einmal dem Tagebuch anvertrauen (vgl. S. 58, Z. 10 und Z. 22 ff; S. 6, Z. 7 ff.: „Mir hat ein Alter mal welche zu zehn bestellt – was soll ich sagen, der war Sadist, und was er genau gewollt hat, ist mir peinlich niederzuschreiben."). Die Doppelmoral bestimmter Bürgerlicher lehnt sie aber ab.
- → Eine weitere Tugend ist die Sparsamkeit, die sie nicht nur notgedrungen an den Tag legt. Als Ersatzfrau von Ernst, dem „grünen

Moos“, bemüht sie sich immer um sparsame und kostengünstige Haushaltsführung.
- Sie ist warmherzig und betroffen, wenn andere im Elend sind. Hilfsbedürftige und Schwache nimmt sie regelmäßig in Schutz. Das gilt für Tiere wie für Menschen, beispielsweise Hulla („... kein Mann darf Schlechtes über die Hulla sagen“, S. 81, Z. 28 f.). Sie hilft u. a. bei der Geburt von Margretes Kind und gibt von dem wenigen, das sie besitzt, ab. Wenn es ihr gut geht, lässt sie andere, wie ihre Mutter oder Therese, teilhaben. Dies geschieht auf den ersten Blick aus Hilfsbereitschaft, lässt sich aber auch als Prahlerei lesen.

Andere bürgerliche, insbesondere weibliche Tugenden erfüllt sie andererseits nicht:

Negative Eigenschaften: nicht fromm, berechnend, lügt, rücksichtslos, egoistisch, stiehlt, möchte nicht arbeiten

- Sie ist beispielsweise nicht kirchentreu und fromm, sondern hält die religiöse Unterweisung für unnötig (S. 68, Z. 29 ff.). Im Umgang mit Männern ist sie berechnend. Sie nutzt deren Naivität und Gutmütigkeit aus und spielt ihnen jeweils geeignete Rollen vor, um an Geschenke o. a. zu kommen.
- Sie lügt ohne Bedenken, wenn auch teilweise aus positiven Gründen (z. B. Sterne für den blinden Brenner, vgl. S. 68, Z. 16). Häufig schlüpft sie in bestimmte Rollen und spinnt diese dann aus (jüdische Herkunft, Freundin des Theaterdirektors, Position des Vaters etc.). Sie kann sich ausgesprochen rücksichtslos gegenüber Konkurrentinnen verhalten (Trapper) und ist geradezu stolz auf ihre Fähigkeit, Leute „vornehm schlecht“ (S. 65, Z. 30) zu machen.
- Immer, wenn sie einen Ort verlassen muss, stiehlt sie noch schnell etwas, um für die Zukunft vorzusorgen bzw. aus dem Gefühl heraus, den rechtmäßigen Lohn mitzunehmen (Feh, Geld, Nachthemden, Seife etc.).

→ Sie hat sich fest entschlossen, nicht zu arbeiten. Die Erfahrungen mit dem Rechtsanwalt und der ‚Onyxfamilie' haben zu abschreckend gewirkt. Und ihre Sehnsucht nach Extravaganz und Luxus sieht sie bei ihrer Ausbildungssituation als nicht erfüllbar an durch redliche Arbeit. Außerdem hasst sie die Abhängigkeit und Unterwürfigkeit, die dann von ihr erwartet werden könnte (vgl. S. 107–109).

Naiv, ungebildet, neugierig, überschätzt ihre Bildung

Zu Beginn des Romans hält Doris sich für einigermaßen gebildet und ist stolz darauf, keinen Dialekt zu sprechen. Diese Einschätzung zeigt aber gerade ihre Naivität und Selbstüberschätzung. Man kann ihr sicher einen gesunden Menschenverstand und einen Blick für Charaktere und menschliche Beziehungen zugestehen. Dazu ist sie neugierig, offen für Neues und unbefangen. Sie lernt aus eigenen Erfahrungen und m. E. aus den Erfahrungen anderer (vgl. S. 68, Z. 19 ff.). Gesellschaftliche Gruppierungen und Hierarchien entgehen ihr nicht (vgl. S. 72, Z. 16 f.). Ihre Kenntnisse im Umgang mit dem anderen Geschlecht sind recht weitreichend, auch wenn nicht alle ihre Beurteilungen über die Männer überzeugen. Was ihre Schulbildung anbelangt ist sie ohne Zweifel sehr ungebildet. Die Kenntnis einer Ballade von Goethe (*Erlkönig*) empfindet sie als großartig (vgl. S. 25, Z. 20 f.), weiteres Wissen erwirbt sie durch das Lösen von Kreuzworträtseln und das Belauschen der Gespräche an Nebentischen. Diese Form des Selbststudiums führt auch zu groben Fehlern, beispielsweise, wenn sie sich die Bedeutung des Wortes ‚Marketenderin' erschließt (vgl. S. 20 f.). Ihre Sprache bildet die mangelnde Bildung ab. Erst am Ende des Romans ist Doris in der Lage, die eigene Unbildung zu erkennen, zieht aber keine Konsequenzen:

„Kommt denn unsereins durch Arbeit weiter, wo ich keine Bildung habe und keine fremden Sprachen außer olala und keine höhere Schule und nichts. Und kein Verstehen um ausländische Gelder und Wissen von Opern und alles, was zugehört. Und Examens auch nicht. Und gar keine Aussicht für über 120 zu gelangen auf eine reelle Art“ (S. 107, Z. 32 ff.).

Scheut Einsamkeit, sucht Liebe

Der herausragende Zug der Protagonistin ist ihre Angst vor Einsamkeit und Alleinsein („und ich friere mich wieder tot vor Alleinsein“, S. 70, Z. 18 f.). Sie sucht immer den Kontakt zu Menschen und nimmt eher unangenehme Gesellschaft in Kauf als die Einsamkeit. Lieber ist sie in zwielichtigen Lokalen und Kneipen als allein irgendwo. Aus dieser Furcht heraus ist sie zu Kompromissen bereit und entwickelt zu ihrem Pelzmantel ein nahezu menschlich-persönliches Verhältnis. Er ersetzt ihr beständig und verlässlich menschliche Nähe und bietet ihr Schutz und Wärme. Doris begegnet den verschiedensten Männern, sie erfährt verschiedene Möglichkeiten der Begegnung der Geschlechter, dennoch bleibt ihre Suche nach Liebe vergeblich. Die Beziehung zu Freundinnen ist schwierig aufgrund der Distanz oder wegen der Männer. Dabei ist ihr Wunsch, geliebt zu werden, ihr sehnlichster und vorherrschender: „Ich habe in meinem Bauch einen Wunsch, von allen Menschen gemocht zu werden. Das ist immer, wenn einen keiner richtig mag.“ (S. 77, Z. 1 ff.)

Doris und ihre Beziehung zu anderen Menschen

Erster Teil

Familie

→ Mutter

→ Vater

Freunde

→ Therese

→ Jakob Schneider, Gustav Mooskopf (Jungs vom Athletenklub)

→ Hermann Zimmer (Jugendfreund)

→ Johnny Klotz

Liebhaber

→ Hubert (erster Liebhaber der 16-jährigen Doris)

→ Sadistischer Alter

→ Käsemann

→ Arthur Grönland

→ Conrad Veidt (Armin)

→ Großindustrie

Arbeit

→ Rechtsanwalt (Arbeitgeber)

→ Therese (Arbeitskollegin und Freundin)

Theaterpersonal

→ Frau Buschmann, Frau Ellmann (Garderobenfrauen)

→ Frau Baumann (Schauspielerin)

→ Klinkfeld (Regisseur)

→ Bloch (Inspizient)

→ Leo Olmütz (Direktor)

→ Linni, Pilli, Manna Rapollo, Mila von Trapper (Schauspielschülerinnen)

→ Mönch (Schauspieler)

Zweiter Teil

Freundinnen

→ Tilli Scherer (Doris wohnt bei ihr)
→ Lorchen Grünlich
→ Margretchen Weißbach (frühere Freundin Thereses)

Männer

→ Der Mädchenhändlerartige
→ Der Mann im Zug
→ Der dunkelblau Verheiratete
→ Der schwarze Rayon
→ Der rote Mond
→ Der weiße Onyx
→ Der Schöne
→ Der Garagenfranz
→ Der Unrasierte
→ Herr Brenner (blinder Nachbar)
→ Der Zwickermann
→ Der Gestrige (Zufallsbekanntschaft)
→ Alexander (Firmenbesitzer)
→ Lippi Wiesel (früherer Freund, Journalist)

Bekannte

→ Rannowsky (Zuhälter)
→ Hulla (Prostituierte Rannowskys)
→ Albert (Tillis Mann)
→ Frau Brenner (Nachbarin)
→ Frau Briekow (Zimmerwirtin)

Dritter Teil

Männer
- → Der Schmiss (Straßenbekanntschaft)
- → Karl (arbeitsloser Maschinenschlosser, Sozialist)
- → Der kleine Schanewsky
- → Ernst, das grüne Moos

Rückblicke, Einbeziehung von Personen aus Teil I & II
- → Tilly und Albert
- → Der weiße Onyx
- → Der rote Mond
- → Mutter
- → Karl
- → Hulla

Flüchtige Bekannte
- → Frau Molle (Klosettfrau)
- → Rose Krall
- → Herbert (Schauspieler, Entertainer)
- → Der Taxichauffeur
- → Der schwule Gustav
- → Else (Proletarierin, Antifaschistin)
- → Herr Schlappweißer (Fischverkäufer)
- → Herr Kreuzweißer (Vater Karls)
- → Junge mit Pappkarton

Wichtige andere Person
- → Hanne (Ernsts Ehefrau)

Aus der Auflistung lässt sich Folgendes entnehmen:

- → Aus einem recht unterschiedlich gearteten Personenkreis um Doris, der der Vielfalt ihres Alltags entspricht, verengt sich die Gruppe zunehmend auf Männerbekanntschaften.
- → Während anfangs vorwiegend Männer zum Freundeskreis gehören, sind es im zweiten Teil vorwiegend Frauen. Am Schluss steht Doris ohne enge Freundschaften da.
- → Im dritten Teil des Romans bekommt die Beziehung zu einem einzigen Mann, Ernst, einen hohen Stellenwert. Nach dem Verzicht auf ihn bleiben nur flüchtige Bekanntschaften und Erinnerungen an Personen. Der Schluss des Romans zeigt Doris ohne familiäre, soziale, berufliche oder private Bindung.

Personenkonstellationen

Neben den oben aufgelisteten Personen und Personengruppen ist die Beziehung Doris' zu den nachfolgenden Personen besonders wichtig.

Familie

Mutter

→ kleinbürgerlich, eigenständig, mit Hang zum Besseren
⇨ von Doris geschätzt

Vater

→ aggressiv
→ arbeitslos
⇨ von Doris verachtet und gefürchtet

Frauen

Therese

→ 38 Jahre alt
→ Büroangestellte
→ hat freudloses Verhältnis mit einem verheirateten Mann
→ dient als Zuhörerin und Zuschauerin von Doris
⇨ bildet Kontrast zu deren Lebensplänen

Tilli

→ verheiratet mit dem arbeitslosen Albert
→ anständig
→ möchte zum Film
→ arbeitet als Putzfrau
→ lässt Doris bei sich wohnen
⇨ verdeutlicht exemplarisch Komplikationen in Männer-Frauen-Beziehungen

Männer

Hubert

→ erste Liebe der 16-jährigen Doris
→ Physikstudent
→ verlässt Doris zugunsten einer ehrbaren und anständigen Partnerin
→ scheitert in der Beziehung
→ wird von Doris wegen seiner Doppelmoral verachtet

Herr Brenner

→ blinder Kriegsveteran
→ 40 Jahre alt
→ sucht Kontakt zu Doris, sie beschreibt ihm Berlin, möchte Freude in sein Leben bringen
→ guter Zuhörer

Ernst

→ wurde von seiner Frau Hanne verlassen
→ nimmt Doris am Tiefpunkt ihres Lebens auf, sie entwickelt aus anfänglicher Verachtung Liebe und Zuneigung zu ihm
→ spielt die Rolle der Hausfrau
→ gibt ihm ihr Tagebuch zum Lesen

Frauen

Doris und Therese

Typische Angestellte der Zeit, 38 Jahre

Therese ist die Arbeitskollegin von Doris. Sie verkörpert die typische weibliche Angestellte der Zeit und der sozialen Schicht. Mit 38 Jahren ist sie bedeutend älter als Doris. Sie lebt mit kleinem Gehalt und monoton in einer Affäre mit einem Verheirateten. Ihre Bereitschaft zu Kompromissen sowie die Glanz- und Perspektivlosigkeit ihres Lebens macht sie zumindest anfangs zur Kontrastfigur zu Doris. Diese erzählt ihr erotische und andere Abenteuer, schenkt ihr angebissene Pralinen und andere wertlose Geschenke oder lässt – je nach Vermögen des Mannes, mit dem sie augenblicklich zusammen ist – Geschenke schicken. Therese liest zeitgenössische Aufklärungsbücher und Sexualratgeber von „Van der Velde“[17] (vgl. S. 102, Z. 2 ff.), die allerdings eher ihr Wunschdenken zum Ausdruck bringen. Doris dagegen empfindet sich als erfahren hinsichtlich des Umgangs mit Männern und mit Sexualität, aber die Aufklärungsliteratur empfindet sie als „Sauerei“ (S. 102, Z. 4).

Gute Zuhörerin und Zuschauerin

Doris lehnt die Lebenssituation und den Beruf Thereses völlig ab und braucht sie vorwiegend als Zuhörerin und Zuschauerin ihrer eigenen Existenz als „Glanz“. Therese ist immer da, wenn Doris ein Gegenüber braucht, ist „eine, die nichts braucht“ und ist für Doris deshalb „eine Art von blasser Beruhigung“, „eine Wohltat“ (S. 30, Z. 14 ff.). Doris plant, sie zum Dank in ihre eigene Karriere einzubeziehen, möchte „sie mit beglänzen und einen Seitenglanz“ (S. 35, Z. 21) aus ihr machen. Damit beansprucht Doris im Kontrast zu Therese die Rolle der Aktiveren und Begehrenswerteren.

---

17 Der niederländische Frauenarzt Theodor Hendrik van de Velde (1873–1937) gab in den 1920er Jahren Sexualratgeber mit Titeln wie *Die vollkommene Ehe*, *Die Abneigung in der Ehe*, *Fruchtbarkeit in der Ehe* und *Die Erotik in der Ehe* heraus.

In bitter-ironischer Weise setzt sie sich und ihre Zukunftswünsche extrem ab von Therese:

> „Und wenn man besonders großes Glück hat, dann wird man wie Therese. Dann sitzt man und spart und isst ganz wenig. Und hat eine Liebe. Dann nimmt man sein Sparbuch und kauft Kleider für schön zu sein, denn, man will ihm gefallen, er ist ja ein besserer. Und nimmt gar kein Geld von ihm aus Liebe, damit er nichts denkt. Und dann ist so eine Zeit, nachts ist man mit ihm – und verliebt und alles und um acht auf dem Büro wieder. Und man ist über zwanzig und das Gesicht geht ganz kaputt zwischen Arbeit und Liebe, denn der Mensch braucht ja Schlaf. Natürlich ist er verheiratet. Aber er liebt einen, wodurch es einem egal ist. Man macht hundertmal Schluss und wartet ganz furchtbar – bitte komm wieder, alles egal, alles egal, komm bitte wieder, und man kauft teure Cremes. Man hat eine Müdigkeit. Seine Frau schläft zu Haus … Thereses Zimmer ist ganz hässlich und kalt, seine Wohnung ist warm und schön." (S. 108, Z. 15–31)

Selbst am Schluss des Romans glaubt Doris wegen ihrer Jugend noch an eine Zukunft, die sie Therese abspricht.

Doris fühlt sich Therese überlegen

Therese vermittelt ihr die erste Möglichkeit der Unterkunft in Berlin bei einer früheren Freundin, Margretchen Weißbach, die dort hochschwanger mit ihrem arbeitslosen Mann wohnt und sie an Tilli Scherer weitervermittelt. Doris wird die Patentante des Kindes.

Doris und ihre Mutter

Die Mutter von Doris ist Garderobiere am Theater. Sie ist offenbar etwas korpulent und ein wenig altmodisch gekleidet, kann aber auf ein bewegtes und erfahrungsreiches Leben zurückblicken. Doris hält ihre Mutter für eine „Klassefrau" (S. 16, Z. 5) und für ein „fei-

Garderobiere am Theater, lebensklug

nes Weib" (S. 15, Z. 23). Sie schätzt besonders an ihr das gewisse Etwas, das sie sich trotz aller kleinlichen Umstände bewahrt hat. Dies drückt sich beispielsweise in der Haltung ihrer Schultern und in ihrer Lebensklugheit aus. Sie fügt sich in die Umstände, ohne dabei kleinlich zu werden.

Vorbild für Doris, vertraut ihr und vermisst sie

Doris hat in ihr ein Vorbild, weil sie eigenständig gewesen ist, viele Männerbekanntschaften hatte, dennoch solide blieb und sich nicht hat ausnutzen lassen (vgl. S. 54, Z. 20 ff.). Doris hat Vertrauen zu ihr. So weiht sie die Mutter als erste – wenn auch nicht mit allen Details – über die Umstände ihrer Arbeitslosigkeit ein. Auch in Berlin hat Doris ständig Sehnsucht nach ihr und bedenkt sie, wann immer es geht, mit Geschenken. Wie Doris später wollte die Mutter sich ebenfalls von den anderen abheben und etwas Besonderes sein. Um die Nachbarn zu ärgern, nähte sie beispielsweise ein auffälliges Kleid aus einer Gardine für Doris zur Einschulung. Dass Doris dabei zum Gespött der Mitschüler wurde, nahm sie in Kauf.

Doris hält ihre Mutter für klug und rechnet ihr hoch an, dass sie sie nie geschlagen hat. Das ist in dem Milieu, in dem Doris groß wird, durchaus unüblich. Als sie krank war, hat sie sich aufopferungsvoll um Doris gekümmert. Mit dem Alltag war dann allerdings die Fürsorge und Angst um sie vorbei, bedauert Doris. Letztlich weiß sie aber, dass sie mit der Hilfe ihrer Mutter rechnen kann.

Doris und Tilli

Doris wohnt eine Zeit lang bei Tilli in Berlin. Diese ist verheiratet, ihr Mann Albert arbeitet in Essen, bis er arbeitslos wird und zurück nach Berlin kommt, um dort stempeln zu gehen.

Putzfrau, möchte zum Film, verheiratet

Tilli selbst möchte berühmt werden und zum Film. Doris leiht ihr ihren Pelzmantel, wenn sie zur Filmbörse geht, dafür darf sie umsonst bei ihr wohnen. Leider ist Tilli beim Film nicht gefragt und so arbeitet sie als Putzfrau. Tilli und Doris verstehen sich gut, aber als Tillis Mann arbeitslos nach Berlin zurückkehrt, kommt es zu Spannungen. Aus Langeweise macht Albert Annäherungsversuche bei Doris. Das bemerken beide Frauen („Albert fasst mich beim Arm manchmal. Tilli liebt ihn. Sie muss morgens fort. Ihr Blick liebt mich nicht mehr“, S. 77, Z. 4 f.) und Doris schwankt hin und her zwischen dem eigenen Bedürfnis nach Zärtlichkeit und Loyalität zu Tilli. Am Schluss zieht Doris aus, um Konflikten auszuweichen.

Männer

Doris und ihr Vater

Nicht der leibliche Vater von Doris

Doris weiß von ihrem Vater, dass er nicht ihr leiblicher ist. Sie ist ihm nur „zugeheiratet worden“ (S. 54, Z. 20). Auch er hat sie nie geschlagen, dennoch hat Doris Angst vor seinem Zorn und seinen lauten Auftritten. Doris empfindet ihren Vater als Schmarotzer und als Angeber. Er ist arbeitslos, nimmt aber das von den Frauen nach Hause gebrachte Geld, um es in Kneipen zu vertrinken. Sein Egoismus ist mit Doppelmoral verbunden. Deshalb kreidet Doris dem Vater sehr an, dass er Geld aus zweifelhaften Quellen von ihr nimmt, aber dann vorsichtshalber nicht über die Herkunft nachdenkt. Er müsste sie sonst in „moralischer Empörung“ (S. 26, Z. 11) rauswerfen, würde damit aber seine Einnahmequelle verlieren.

Egoismus und Doppelmoral

Während er zu Hause ein „Popel“ (S. 16, Z. 5) ist, tritt er in der Öffentlichkeit – und insbesondere dicken Frauen gegenüber – elegant und verführerisch auf. Dennoch bietet er der Mutter familiäre Zugehörigkeit und Schutz (vgl. S. 16, Z. 6 f.). Das gibt die Mutter Doris als nachvollziehbaren Grund an, warum sie bei ihm bleibt.

Doris und Hubert (Erster Teil)

Doris' erste Liebe

Hubert ist Doris' erste Liebe. Trotz des großen Altersunterschiedes – Doris ist 16 Jahre, Hubert aber schon Ende 20 – ist sie die Erfahrenere und Aktivere in der Beziehung. Sie behauptet, ihn verführt zu haben, lässt ihn aber in dem Glauben, er sei der Verführer gewesen. Die beiden sind ein Jahr lang ein Paar, bis er sein Physikstudium vermutlich mit der Promotion abschließt und nach München geht, um dort eine alte Freundin zu heiraten. Die Beziehung zwischen Doris und Hubert ist geprägt durch den Altersunterschied, die Diskrepanz hinsichtlich Bildung und sozialer Schicht und durch sehr unterschiedliche Vorstellungen von Moral und Ehre.

Feige, unmoralisch, egoistisch

Doris entlarvt Hubert im Nachhinein als feige und spricht ihm edelmütige und ehrliche moralische Maßstäbe völlig ab. Sie kann ihm nicht verzeihen, dass er sie drei Tage vor ihrem Geburtstag einfach hat sitzen lassen. Schlimmer noch trifft sie seine Doppelmoral, als er ihr erklärt, dass er sich von ihr trennen müsse, weil sie kein anständiges Mädchen sei. Finanzielle Gründe hätte sie eingesehen, so aber beendet sie die Beziehung voller Zorn mit einer Ohrfeige. Dennoch hat sie Mitleid mit ihm, als er allein und mittellos zurückkommt. Seine „echt Jungfräuliche" (S. 37, Z. 13) hat ihn verlassen und seine beruflichen Pläne sind gescheitert. Als Doris aber entdeckt, dass er den Kontakt nur wieder gesucht hat, weil er angenommen hat, dass sie ihn finanziell unterstützen kann, bricht sie endgültig mit ihm. Sie empfindet Ekel und Abscheu ihm gegenüber.

Hubert verkörpert die Rolle des Bildungsbürgers, der moralische Ansprüche für andere geltend macht, selber aber keineswegs nach diesen Maßstäben lebt. Doris entwickelt, begründet und verteidigt ihren eigenen moralischen und ethischen Kodex im Kontrast zu Hubert als ehrlicher und lebensnaher.

Doris und Herr Brenner (Zweiter Teil)

Blinder Kriegsveteran, Nachbar

Herr Brenner ist blind, Elsässer, Kriegsveteran und über vierzig Jahre alt. Er wohnt im gleichen Haus wie Doris und hat eine unangenehm keifende und rechthaberische Ehefrau. Damit besetzt er eine zeittypische Rolle desjenigen, der trost- und freudlose Umstände ertragen muss. Doris empfindet ihm gegenüber Mitleid und Zärtlichkeit. Sie ist gerührt über kleine Geschenke von ihm, für die er keine Gegenleistung erwartet. Das ist für sie eine neue Erfahrung. Die beiden diskutieren Fragen der Liebe und Brenner zeigt ihr gegenüber Zuwendung, Akzeptanz und eine ganz andere, nicht körperliche Seite der Liebe. Nur durch einen kleinen Hinweis („weil es nämlich selten vorkommt, dass einem einer hinterher noch was schenkt", S. 58, Z. 35 f.) wird erkennbar, dass die beiden sexuellen Kontakt hatten. Wichtiger sind die Gespräche, gemeinsames Lachen und kleine Zärtlichkeiten. Doris bringt durch ihre Person und ihre Erzählungen von Berlin Leben und Abwechslung in seinen tristen Alltag. Dafür ist sie auch bereit zu lügen. Sie setzt sogar gegen den Willen der Ehefrau durch, dass sie ihn vor seiner Einweisung ins Heim einen Tag lang durch Berlin führt. Aber beim Spaziergang gelingt es nicht, eine heitere und entspannte Atmosphäre zu erzeugen, obwohl sie ihn gern trösten und fröhlich sehen würde.

Gesprächspartner und Zuhörer

Herr Brenner nimmt Doris gegenüber die Rolle des Zuhörers und des Fühlenden ein. Sie schildert ihm die Welt um sie herum in Ausschnitten und filmisch inspirierten Momentaufnahmen. Durch die Begegnung mit ihm werden vor allem optische, akustische und synästhetische Wahrnehmungen der Großstadt betont, die sich in ihren Beschreibungen niederschlagen. Dabei kommt es nicht auf Realitätstreue an, da Brenner keine Kontrollmöglichkeiten hat. Im Kontrast zu Brenner kann Doris sich schön, lebendig und aktiv fühlen, auch wenn ihre tatsächlichen Umstände keineswegs erhebend sind.

Doris und Ernst (Dritter Teil)

Tolerant und fürsorglich, nimmt Doris bei sich auf

Als Doris am Ende ihrer körperlichen und psychischen Kräfte ist, nimmt Ernst, der eine Stimme hat „wie dunkelgrünes Moos" (S. 90, Z. 28), sie in seinem Haus auf und lässt sie wieder zu Kräften kommen. Seine Ehefrau Hanne hat ihn verlassen, er aber möchte nicht in ein leeres Haus kommen („Weil ich eine Angst habe, nach Hause zu kommen und keiner ist und atmet", S. 95, Z. 2 f.). Doris lehnt ihn anfangs aufgrund seiner Weichheit und Nachgiebigkeit ab, empfindet geradezu Wut und körperlichen Ekel ihm gegenüber. Ernst ist gebildet und höflich, er wird nicht zudringlich, erwartet nichts von ihr und entspricht damit in seinem Verhalten nicht den Doris geläufigen Regeln zwischen Männern und Frauen.

Vertreter bürgerlicher Werte

Bei ihm lernt sie zum ersten Mal den Wert einer bürgerlichen Existenz und Rollenverteilung kennen. Im zunehmenden Maße übernimmt sie die Rolle der treusorgenden, sparsamen und tugendhaften Hausfrau. Er ist einerseits der Vertreter eines altmodischen, mittelständischen, bürgerlichen Lebens, das kulturelle und ästhetische Schwerpunkte setzt und damit einigermaßen realitätsfern wirkt. Gleichzeitig erfährt Doris in seiner Nähe, was Sehnsucht, Glück und Liebe ist. Sie nähert sich ihm zunehmend, findet ihn am Schluss „bildschön" (S. 120, Z. 18) und kann nicht verstehen, dass körperliche Attraktivität bei ihm nicht wirkt. Zwischen ihnen kommt es nur zu einer einzigen gemeinsamen Nacht, bevor Doris sich entschließt, die Lügen ihm gegenüber zu beenden. Sie sorgt dafür, dass der Kontakt zwischen Ernst und seiner Ehefrau Hanne wieder zustande kommt und verzichtet großmütig auf ihn.

Tatsächlich wird deutlich, dass die Unterschiede hinsichtlich der Herkunft, der sozialen Schicht und den Erwartungen bei Doris und Ernst extrem unterschiedlich sind. Doris spielt die Rolle der bürgerlichen Haus- und Ehefrau, die ihr erlaubt, nicht arbeiten zu müssen. Diese Rolle hat aber keine Zukunft.

Ernst ist außerdem das Gegenstück zu Hubert. Im Gegensatz zu Hubert gelten seine moralischen Grundsätze auch für ihn selbst. Er ist tolerant und erhebt sich nicht moralisch über Doris. Aber er überzeugt sie von der Notwendigkeit, den gestohlenen Feh zurückzugeben, wozu es dann nach der Trennung aber nicht kommt. In der Beziehung mit Ernst lernt Doris eine neue Form der Begegnung von Mann und Frau kennen: Fürsorge, Schutz und aufeinander Eingehen, erst allmähliche Entwicklung einer sexuellen Beziehung, Liebe. Während Doris' Liebe zu Hubert erkaltete, wächst diese zu Ernst und sie sehnt sich danach, von ihm berührt zu werden.

Moralisch

Ernsts Selbstlosigkeit hat auch mit Rückgratlosigkeit und Unselbstständigkeit zu tun. Er kann nicht allein sein und ist eher bereit eine völlig fremde, heruntergekommene Person bei sich zu beherbergen, als allein in der Wohnung zu sein. Er leidet still an der Trennung von seiner Frau und kann sie nicht vergessen. Gleichzeitig akzeptiert er aber offenbar deren Entscheidung und unternimmt keine Schritte, um sie zurückzuholen. Doris ist die Aktivere und leitet diesen Schritt ein. Als Begründung wird vermittelt, dass Ernst seiner Frau trotz der Verletzungen, die sie ihm zugefügt hat, liebt und treu ist.

Selbstlos, leidet an Trennung von seiner Frau

Im Rahmen des Romans nimmt Ernst die Rolle des Lesenden ein, ist damit Rezipient und Kommunikationspartner der schriftlichen Ausführungen. Die Übergabe des Buchs an Ernst und die Erwartungen, die Doris damit verbindet, können als metafiktionaler Akt[18] gelesen werden.

18 vgl. Lickhardt 2009, S. 182 f.

3.5 Sachliche und sprachliche Erläuterungen

3	Erlkönig	Ballade von Johann Wolfgang von Goethe
4	Colleen Moore	US-amerikanische Schauspielerin (1900–1988), einer der größten Stars der Stummfilmzeit in den 1920er Jahren, eigentlich: Kathleen Morrison, schuf den Rollentyp des Flappers
6	Kupferberg nass	deutsche Sektmarke, eigentlich Kupferberg trocken (trocken steht für wenig süß)
9	Fluidum	besondere, von einer Person oder Sache ausgehende Wirkung
10	Leisten	Schuhspanner
11	Zelluloid	leicht brennbarer Kunststoff, z. B. zum Herstellen von Puppen und Spielzeug
11	lachsfarbenes Kombination	aufeinander abgestimmte Unterwäsche in der Farbe Lachs
13	Marlene Dietrich	deutsche Schauspielerin (Theater, Stummfilm, Tonfilme) und Sängerin (1901–1992), eigentlich: Marie Magdalene Dietrich, nahm 1939 die US-amerikanische Staatsbürgerschaft an, gegen Nationalsozialismus, mit internationalem Ruhm, bekannt wegen langer Beine, rauchige Stimme, Hosenanzüge, machte dieses Kleidungsstück in den 1930er Jahren salonfähig
14	Gummi-Arabicum	Gummierung und Bindemittel, Klebmasse, löst sich in warmem Wasser zu einer klebrigen, fad schmeckenden Flüssigkeit auf
17	Wallensteins Lager	Dramentrilogie von Friedrich Schiller (*Wallensteins Lager*, *Die Piccolomini*, *Wallensteins Tod*), Schiller behandelt darin den Niedergang des berühmten Feldherrn Wallenstein, wobei er sich frei an den realen historischen Ereignissen orientiert
21	Base	Cousine
26	Kümmel	Schnaps

31	Georgine	Blume, Seerosendahlie, benannt nach dem russ. Botaniker J. G. Georgi
33	Asbach	Weinbrand der Firma Asbach
35	Feh	Eichhörnchenpelz
40	Tauentzien bei Zuntz	Café in der Tauentzienstraße, Berlin
42	Schupo	Schutzpolizist
46	Bembergseide	Kunstseide der Marke Bemberg, die als Edelprodukt gilt
46	Handhohlsaum	Handarbeitstechnik
47	Chaiselongue	Möbelstück (Sofa mit einer Lehne)
47	Danziger Goldwasser	traditionsreicher Gewürzlikör aus Danzig mit echtem Blattgold
48	Pfeffer- und Salzmantel	Mantel in Pfeffer-und-Salz-Optik (schwarzweiß)
48	Hermeline	Marderart, deren Fell für Kleidungsstücke verarbeitet wurde
53	Rohrpost	Form des schnellen und personalarmen Transports von Gegenständen in kleinen, zylindrischen Behältern mittels Druckluft
54	Alimente	Unterhaltszahlungen für nicht-eheliche Kinder
57	spillrig	dünn, dürr
63	Kneifer	bügellose Brille, wird auf die Nase gedrückt
64	Amethyst	lila oder violetter Edelstein
74	Alter Schäker	Schelm, Witzbold, Person, die bei Frauen gut ankommt
74	konsultieren	aufsuchen
76	Lilian Harvey	gefeierte britisch-deutsche Schauspielerin, Sängerin und Tänzerin (1906–1968)
92	Ulster	aus Irland stammender robuster Herrenmantel aus schwerem Stoff (Tweed), Sport- und Reisemantel
108	Pfirsich Melba	Dessert mit Pfirsich, Vanille-Eis und Himbeermark (benannt nach der Sängerin Nellie Melba)

3.6 Stil und Sprache

ZUSAMMEN-FASSUNG

Die sprachliche Gestaltung ist durch die Anpassung an den geringen Bildungsgrad und das niedrige Milieu der Protagonistin geprägt. Gleichzeitig ist der Roman auch in sprachlicher Hinsicht durch den Ort (Berliner Dialekt) und die Zeit bestimmt. Der Text zeichnet sich durch eine Fülle von kreativen und ungewöhnlichen Ausdrücken, Metaphern und Vergleichen aus, die besonders intensive bildliche Vorstellungen erzeugen. Syntaktisch herrschen Ellipsen und additive Reihungen (‚und'-Verknüpfungen) vor, die einen Eindruck von Unmittelbarkeit und Mündlichkeit erzeugen.

Die sprachliche Gestaltung des Romans

Eigenschaften der Protagonistin	Situation	poetischer Sprachgebrauch
→ Mangelnder Bildungsstand → Naivität und Jugend → Vermeintliche Erfahrung (mit Männern), Verallgemeinerungen	→ Müdigkeit, Erschöpfung → Anpassung an Kommunikationspartner → Lebensort Berlin: Dialekt (Berlinerisch) → Alltagsjargon	→ Neuschöpfungen → Bildsprache, Metaphorik → Alliteration → Betonung der Farben → Filmisches Erzählen

Merkmale

Zeit und Ort:

→ Dialekt, Berlinerisch
→ Fachbegriffe zeittypischer Mode, politischer und gesellschaftlicher Umstände
→ Filmisches Erzählen (Optisches und Farben, schnelle Aufeinanderfolge von Eindrücken und Augenblicken)

Charakter und Lebensumstände der Protagonistin:

→ Spontaneität, Emotionalität, Betroffenheit ausgedrückt durch Inversion, Bildlichkeit, Ellipsen, syntaktische und semantische Besonderheiten
→ Geringer Bildungsgrad vermittelt durch grammatische und Ausdrucksfehler, additive Verknüpfungen, Floskeln
→ Individualität und Kreativität erkennbar durch poetischen Sprachgebrauch (Rhythmik, Alliterationen, Vielzahl der Stilmittel, ungewöhnliche Metaphorik und Vergleiche, Neologismen)

Kunstvolle Sprachgestaltung:

→ Sprachliche Differenziertheit und gezielte Verwendung narrativer Mittel und Kompositionstechniken

Komponierte Sprache

Die sprachliche Gestaltung des Textes ist einerseits stark bestimmt durch den Charakter und Bildungsstand der Protagonistin, ihre Umgebung und die Erzählsituation. Andererseits lässt sich aber auch erkennen, dass die Sprache bewusst ausgestaltet wurde und literarischem Formwillen unterliegt; sie ist eine deutlich erkennbar aus vielen Elementen komponierte Sprache.

Durch ihre Sprache wird die Protagonistin Doris als jemand erkennbar, der frech, humorvoll und spontan auf Situationen und Menschen eingehen und mit ihnen reden kann. Es überwiegt der ungekünstelte **Alltagsjargon** mit einer emotionalen und kraftvollen

Sprache. Daneben wird der Protagonistin aber sehr schnell klar – auch wenn sie dies nicht versprachlichen kann, dass es verschiedene **Gruppen- und Fachsprachen** gibt, denen man sich anpassen muss.

So versucht sie sich beispielsweise den Theaterjargon anzueignen, legt Listen mit Fremdwörtern an (vgl. S. 62, Z. 7 f.) oder ist bemüht wie die Intellektuellen zu sprechen („Ich bildete mich ungeheuer, und es war, als ob ich eine fremde Sprache lerne", S. 61, Z. 23 f.). Dabei kommt es aber auch zu **Fehlern** und zu Fehleinschätzungen ihrer Fortschritte und ihres Wissens (vgl. ihre Erklärung des Wortes „Marketenderin", S. 20, Z. 31 f.). Ihrer einfachen Bildung entspricht es, dass ihre Sprache insgesamt eine Vielzahl an typischen und immer wiederkehrenden **Verstößen gegen syntaktische und semantische Regeln** aufweist.

Die extreme Häufung von recht ungewöhnlichen **Vergleichen** verweist auf eine phantasievolle und kreative Person, die eine besonders bildliche Vorstellungsgabe besitzt. Dieser Eindruck wird durch die **Wortneuschöpfungen** bestätigt.

Im Text wird – entsprechend dem länger werdenden Aufenthalt in Berlin – zunehmend Berliner **Dialekt** eingebaut. Dabei wird aber überwiegend die Ausdrucksweise anderer Personen (z. B. Karl) wörtlich wiedergegeben. Auch Sprachformeln und **Floskeln** der Zeit sind Bestandteil der Sprache des Romans.

Immer wieder ist der Roman aber auch als literarisch gestaltet erkennbar. Das liegt einerseits an der grundsätzlichen Erzählsituation als fingiertes Tagebuch, die „der Autorin die Vertraulichkeit mit ihrer verzückten Hauptfigur und ironischen Abstand zu deren Naivität"[19] ermöglicht. Dieser Abstand wird ebenfalls daran erkenn-

---

19 Schoeller, Wilfried F.: *Erfahrungschroniken abgründiger Abenteuer. Irmgard Keun wird als Romanautorin wieder entdeckt.* In: „Süddeutsche Zeitung" vom 7. 11. 1979

bar, dass **literarische Stilmittel** wie Metaphern, Alliterationen, Anaphern, Metonymien, rhythmische Sprache u. a. im Text zu finden sind. Das erzählende Ich unterscheidet sich hier von der naiven Protagonistin. So entsteht eine Mischung aus Kunstsprache und verschiedenen Dialekten, Soziolekten, sprachlichen Umgangsformen, Sprichwörtern, Bestandteilen der Sprachen der Öffentlichkeit wie der Politik, der Medien, der Werbung etc.[20]

MERKMAL	FUNKTION	BEISPIEL	SEITE, ZEILE
Dialekt	Veranschaulichung der Umgebung, Lokalkolorit	„jute Laune – det is mein Ehrjeiz" „Ich gloob nich, det einer wieder hochkommt, der mal bei's Rutschen ist"	89, 10 88, 28 f.
Zeittypische Begriffe (Mode)	Veranschaulichung der Zeit	„Das ist die moderne Frisur – nämlich: Windstoß"	60, 29
Alltagssprache, gesprochene Sprache, Ellipsen	Eindruck von Spontaneität, Unmittelbarkeit, Müdigkeit	„Bin grade nach Hause gekommen." „Gottogott müde. Und zu nichts Lust. So egal alles."	8, 11 f. 84, 27
Ellipsen, Einschübe	Assoziationen, Mündlichkeit, Lebendigkeit	„Aber von meinen 50 Mark hatte ich mir gleich einen Hut mit Feder gekauft – dunkelgrün – das ist jetzt Modefarbe, und steht mir herrlich zu meinem erstklassigen rosa Teint. Und ist schief auf einer Seite	5, 17 ff.

20 vgl. dazu Schank, Gerd: *„Das kunstseidene Mädchen" von Irmgard Keun. Skizze einer Frauensprache*. In: Ester Hans; Gemert, Guillaume van (Hrsg.): Studien zur deutschen Literatur und Literaturwissenschaft im 20. Jahrhundert. Amsterdam: Rodopi, 1985, S. 57 f.

MERKMAL	FUNKTION	BEISPIEL	SEITE, ZEILE
		zu tragen – kolossal fesch – und ich hatte mir bereits einen dunkelgrünen Mantel machen lassen – streng auf Taille und mit Fuchsbesatz – ein Geschenk von Käsemann, der mich durchaus beinahe heiraten wollte. Aber ich nicht."	
Häufigkeit der ‚und'-Verknüpfungen	Additive Verknüpfungen als Ausdruck mangelnder logischer Komplexität, Reihung statt Herstellung logischer Bezüge	„Und da lebe ich in Berlin für mich erstens und dann für den Brenner. Und sitze in der Küche, und es ist hinter dem Vorhang das Bett."	59, 10 ff.
Häufung von Farben	Veranschaulichung, genaue Wiedergabe des Optischen;	„Und das Plakat war weiß mit schwarz drauf. Und viele Zeitungen und sehr bunt und das Tempo rosalila und Nachtausgabe mit rotem Strich und ein gelber Querschnitt"	60, 15 ff.
	Farben als Ausdruck emotionaler Zustände	„der Himmel hat ein rosa Gold im Nebel"	61, 11
Personifizierungen	Ausdruck von Lebendigkeit des Eindrucks, Emotionalität	„Und hatte mir von meinem letzten Geld ein braunes Honigkleid gekauft mit gleitenden Falten, so sanft und ernst, wie Frauen vergessen zu lachen, wenn sie einer küsst, den sie mögen."	51, 35 ff.

MERKMAL	FUNKTION	BEISPIEL	SEITE, ZEILE
Vergleiche	Lebendigkeit des Ausdrucks; Veranschaulichung, Klang, Vermittlung der Atmosphäre, der emotionalen Wirkung;	„und hat Augen wie blankgeputzte blaue Glasmurmeln"	39, 27
	Verknüpfung mit sehr persönlichen Erinnerungen, Ausdruck von Subjektivität	„Und er fasst meine Füße mit Fingern wie Weihnachtskerzen aus Wachs"	59, 25 ff.
Metaphern	Ungewöhnliche, metaphorische Adjektive zur Veranschaulichung	„ich war ein dankbares lachendes Weinen, weil er mir so gut gefiel"	51, 22 f.
		„Gewühl von zehn blonden Windjacken"	90, 10 f.
		„Kleine schwarze Zahnbürsten haben Männer über Lippen"	64, 21 f.
		„Die Stimme schlägt meine Veilchen tot"	66, 33
Neologismen Metaphorik	Ausdruck von Kreativität, Individualität;	„Schwanenpelzpantoffeln"	48, 27
	Veranschaulichung, Bildlichkeit	„Küchenstimme"	67, 8
Ungewöhnliche Partizipialkonstruktionen, Komposita	Raffung, Partizipien anstelle von Relativsätzen,	„verheiratete Betten"	49, 19
		„gestorbene Grabsteine"	69, 33 f.
	Hervorhebung bestimmter Eigenschaften	„von gewusster Frechheit"	50, 17

MERKMAL	FUNKTION	BEISPIEL	SEITE, ZEILE
Rhythmik, Reim, Alliteration	Poetischer Sprachgebrauch (Daktylus, Gleichklang)	„Ich fühle mit feinem Empfinden“ „da ist Geigenmusik, die weht weinerliche Wolken in mein Gehirn“	19, 28 47, 31 ff.
Sprachspiele, Wiederholungen	Poetischer Sprachgebrauch	„Und es ist eine versinkende Zeit der Vornehmen, und in einer versinkenden und so zerrütteten Zeit sinken die Frauen zuerst“	100, 32 ff.
Aufzählungen (häufig dreigliedrig)	Rhythmische Sprache, Klimax	„Und es ist eine Stille und so feuchtes Gedampfe und am Fenster die graue Mauer“	59, 29 f.
Vermischung von Worten, falsche Wortwahl	Hinweis auf niedrige Bildung (umbesinnen statt umentscheiden; schrumpfen statt rümpfen)	„jetzt hat er sich umbesonnen“ „Und schrumpfe hochmütig die Nase“	21, 8 19, 20
Falsche Verknüpfungen	Ausdruck mangelnder Bildung	„mit tausend Händen, wo man nicht weiß“	59, 21
Grammatische Fehler, falsche Genetivkonstruktionen	Anpassung an gesprochene Sprache der Arbeiterschicht	„gesungen von Elisabeth ihre schönen Beine“	25, 24 f.
Wortwahl im syntaktischen Kontext falsch	Verstehbarkeit geht vor grammatischer Richtigkeit, Mündlichkeit	„vor drei Jahren war er auch noch ein Elite“ „Da wurde ich Wut.“	86, 20 f. 123, 5
Verwechslung von Aktiv und Passiv, Genus, Plural- und	Mündlichkeit, mangelnde Bildung	„wegen dem Feh“ „viel Zeitungen“ „mein lachsfarbenes Kombination“	38, 12 10, 38 f. 11, 36 f.

MERKMAL	FUNKTION	BEISPIEL	SEITE, ZEILE
Tempusfehler		„war fertig studiert" „Ich überwältige mich."	10, 34 f. 75, 3
Inversion	Mündlichkeit, gesprochene Sprache	„und hat mir die Klosettfrau ein Zervelatbrot geschenkt" „und sollte ich Wein trinken und hätte so gerne was gegessen"	84, 21 f. 85, 24 f.
Sentenzen, wiederholte Aussagesätze	Aussagesatzform und verallgemeinerndes Pronomen „man" betont (scheinbares) Wissen, bezieht Zustimmung des Lesers ein	„Man kennt das ja, was Männer erzählen" „Man muss wissen wofür"	41, 32 f. 38, 1
Gewählte Sprache	Versuch des Ausdrucks von Vornehmheit	„In meinem Negligé, das meine Füße seidig umwallt und meine Knie streichelt, bewege ich mich vor"	74, 30 f.
Ironie	Gesellschaftskritik	„es gibt ja viele Essen, bei denen der Name von einem weiten Ort am schönsten schmeckt, weil so was einem als Deutschen immer ein Reisegefühl und was Überlegenes gibt, und ich kannte doch Männer, die wurden beim Sitzen durch ein unsichtbares Kissen unter ihrem Popo erhöht, wenn sie allein Italienischen Salat bestellten – nur wegen dem italienisch"	122, 13 ff.

„Schreiben wie Film"

> „Aber ich will schreiben wie Film, denn so ist mein Leben und wird noch mehr so sein. ... Und wenn ich später lese, ist alles wie Kino – ich sehe mich in Bildern." (S. 4, Z. 6 ff.)

Wenn Doris angibt, schreiben zu wollen „wie Film", bezeichnet sie damit die Wiedergabe ihres Lebens in Bildern. Sie will in optische Ausdrucksformen wechseln und ein Bild an das andere reihen. Dadurch soll ihr Leben erinnerbar gemacht werden. Es soll aber gleichzeitig eine größere Relevanz bekommen, sie will zum Filmstar ihres Lebens werden.

Die obige Aussage zum Stil hat verschiedene Konsequenzen:

1. Es spiegelt sich die **Vorliebe für Visuelles** in der **Beschreibung** von Umgebung und Personen, vor allem aber auf einer zweiten Ebene in der ungeheuren Anzahl von **Vergleichen und Metaphern**.
2. Es gibt häufig **unverknüpfte aneinandergereihte Eindrücke**, meist durch Bindestriche angedeutet, die schnellen **Filmschnitten und Montagen** gleichen. Dabei kann sich das Tempo teilweise drastisch steigern (vgl. z. B. S. 60 f.). Die Sprachformel „ich sehe" kehrt in diesem Zusammenhang immer wieder.
3. Es werden – dem Medium Film entsprechend – auch **Geräusche und Hintergrundmusik** (Schlager) aufgenommen. Über das Filmische hinaus geht die Verknüpfung der Eindrücke mit Gerüchen. Dies ist einerseits ein Zugeständnis an den blinden Brenner, der auf andere Sinnesorgane angewiesen ist, andererseits ist Doris' Neigung zu **Synästhesien** grundsätzlich in ihren Vergleichen spürbar (z. B. „die Musik

ist geblümt wie ein Chiffonkleid, das immer schnell zerreißt", S. 64, Z. 34 f. oder auch S. 64, Z. 11 f.: „eine Tapete wie blaugefrorene Kirschen mit sonnigen Blumen").

4. Die **Wiedergabe der Realität** durch das Medium Film ist nur eine scheinbar objektive.[21] Der **subjektive Blickwinkel**, der jede Kameraführung bedingt und deren manipulierende Wirkung in unserer Zeit immer stärker berücksichtigt wird, wird hier schon durch die konstante Verknüpfung der Eindrücke mit der Protagonistin – ihrem Wissen, ihrer Erfahrung, ihren Vorlieben – hervorgehoben („da ist die Gedächtniskirche und mit Türmen so grau wie Austernschalen – ich kann Austern hochfein essen", S. 61, Z. 9 ff.). In diesem Zusammenhang gehört auch die Tatsache, dass die unterschiedliche Wahrnehmung einer Situation oder sogar einer ganzen Stadt betont wird. Doris fällt nach dem Ausflug mit Brenner auf, dass sie ihr „helles Berlin" (S. 69, Z. 17) nicht mehr entdecken kann.
5. **Bildgröße** und **Bewegung** sind entscheidende Faktoren. Die einzelnen Beobachtungen wechseln von umfassenden Ansichten (vgl. z. B. S. 60) zu winzigen Details (vgl. Kameraeinstellung von Totale bis Großaufnahmen). Doris erlebt die eigene Bewegung durch Berlin, sie nimmt nacheinander Bilder auf, indem sie sich im Taxi oder zu Fuß (vgl. Kamerafahrt) durch Berlin bewegt, aber auch, indem sie den Blick schweifen lässt (vgl. Schwenk). So schärft sich durch den filmischen Blick die Wahrnehmungsfähigkeit Doris'.

---

21 Anmerkung zum Film der 1920/30er Jahre: ‚Poetischer Realismus' im Film ist eine „vom frz. Kritiker George Sadoul geprägte Bezeichnung für eine Reihe Filme, die in den 1930er und 1940er Jahren in Frankreich entstanden. Sie zeichnen sich aus durch realistische, doch lyrische Schilderung des Alltags, stimmungsvolle Kameraführung und gekonnte, naturalistische *mise en scène*". *In:* Monaco, James: *Film und Neue Medien. Lexikon der Fachbegriffe.* Reinbek bei Hamburg: Rowohlt Verlag, 2000, S. 130

6. Wie in einem Episodenfilm oder in **filmischen Rückblenden** werden kleine, in sich **abgeschlossene Geschichten** und Ereignisse sehr knapp und durch eine Folge von „Bildsequenzen“ erzählt (vgl. z. B. S. 67, Z. 25–31: Erzählung von der Wasserleiche; auch S. 77, Z. 4–9: Entwicklung der Beziehung zu Albert).

Vergleich mit Berlin-Filmen

Doris’ Beschreibung ihres Berlins für den blinden Brenner (und für den heutigen Leser) lässt sich sehr gut vergleichen mit Filmen wie *Lola rennt* (Tom Tykwer, 1998) und *Mathilde – eine große Liebe* (*Un long dimanche de fiançailles*, Jean-Pierre Jeunet, 2004). Hier werden durch sehr schnell aneinandergereihte unbewegte Bilder / Fotos die Geschichten einzelner Personen erzählt.

Auseinandersetzung mit Narration

Ein krasses **Negativbeispiel für Erzählen** enthält die Episode mit dem „roten Mond“ (S. 49 f., Z. 37 ff.). Als Resümee kann zusammengefasst werden, welche **Regeln beim Schreiben von Romanen** befolgt werden sollten:

→ Man sollte sich nicht nur auf frühere Berühmtheit oder angeblichen Geist berufen. Besonders peinlich ist dies, wenn man in höchsten Tönen lobend von sich selbst spricht.
→ Man sollte keine langweiligen Geschichten ohne nennenswerten Inhalt schreiben. Rebenhügel und den Berg heruntertanzende Mädchen sind für die Leser nicht von Interesse (vgl. S. 49).
→ Die Figuren dürfen nicht blass und Situationen nicht unrealistisch sein (vgl. S. 50).
→ Feinheiten, die der Leser nicht zu erkennen vermag, sind überflüssig.

Leitmotive und Dingsymbole

Floskeln

Anfangs verwendet die Protagonistin auffällig viele verallgemeinernde Aussagen, insbesondere über Männer. Sentenzen wie „das kennt man", „so sind die Männer" kommen häufig vor und verweisen darauf, wie überlegen sich die Protagonistin im Spiel mit männlichen Wünschen und Begierden, aber auch Eitelkeiten und Gewohnheiten fühlt. Gleichzeitig bietet sich hier auch die Möglichkeit des stillen Einverständnisses mit (insbesondere) Leserinnen. Diese Floskeln verschwinden im Laufe des Romans weitgehend. Dies ist darauf zurückzuführen, dass sehr viel mehr Erfahrungen gemacht werden und die Vereinfachung zu einer überschaubaren Anzahl von Eigenschaften der Männer nicht mehr gelingt. Wachsende Lebenserfahrung und Einsicht in die eigene beschränkte Erkenntnis sind als Ursache anzugeben. In dieser Situation der wachsenden Unsicherheit bekommt der gestohlene Fellmantel nun seine Funktion.

Der Feh

Bevor Doris das Theater verlässt und nach Berlin geht, stiehlt sie aus der Garderobe den Eichhörnchenpelzmantel, während die Garderobiere Frau Ellmann schläft. Dies geschieht zwar aus einer Verkettung von zufälligen Begleitumständen heraus, dennoch wird die magische Anziehungskraft (S. 37, Z 1 f.), die der Feh für Doris

FUNKTION DES FEH

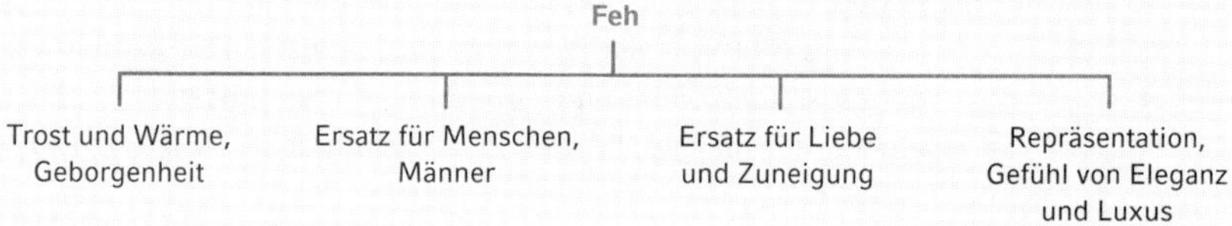

besitzt, immer wieder betont. Er bekommt die Funktion eines Dingsymbols mit folgenden Charakteristiken:

Wird personifiziert

→ Er ersetzt Menschen, denen Doris nahe ist und denen sie vertraut („wie ein Mensch mit Seidenhaar am ganzen Körper“, S. 116, Z. 33 f.). Er wird entsprechend personifiziert als „sanft und gut“ (S. 116, Z. 34), leidensfähig (vgl. S. 117, Z. 10 f.), „zart und grau und schüchtern“ (S. 36, Z. 26) und einfühlsam („Um mich war der Mantel und hatte mehr schlagendes Herz für mich als Hubert“, S. 37, Z. 11 f.). Demzufolge reagiert Doris mit Zärtlichkeit und Liebe und Achtsamkeit auf diesen Mantel.

Ersetzt Partner

→ Er ersetzt sogar den Partner, den Traummann („So hochelegant bin ich in dem Pelz. Der ist wie ein seltener Mann, der mich schön macht durch Liebe zu mir. ... Der Mantel will mich, und ich will ihn, wir haben uns“, S. 38, Z. 13 ff.).

Wird überhöht

→ Er wird aber auch überhöht und bekommt fast religiöse Bedeutung, etwa wie ein Schutzengel („E[r] sah nach Trost aus und Allerheiligen und nach hoher Sicherheit wie im Himmel“, S. 36, Z. 27 f.).

Verschafft Ansehen

→ Er gibt Ansehen und Anerkennung, erzeugt Selbstwertgefühl, schafft Wärme und ein Gefühl der Geborgenheit („Ich habe den Feh an und wirke“, S. 40, Z. 8 f.; „Geh ich mit meinem Feh ... so die Kaiserallee runter, spricht mich wahrhaftig einer an“, S. 103, Z. 27 ff.).

Ausdruck von Sehnsucht

→ Der Feh als äußerer Teil von Doris soll anziehen im doppelten Sinn („meine Haut sieht sich zusammen vor Wollen, dass mich in dem Feh einer schön findet, den ich auch schön finde“, S. 47, Z. 29 ff.). Er ist Ausdruck der intensiven Sehnsucht nach gegenseitiger Liebe und Zuneigung („man müsste sein mit einem, der mir gefällt. Gefällt, gefällt, gefällt“, S. 47, Z. 22).

Sie rechtfertigt den Diebstahl insgeheim damit, dass „er einer dicken Frau unrichtig gehört [hat] – einer mit viel Geld" (S. 38, Z. 14 f.), die ihn aus charakterlichen Gründen nicht verdient und ihn ohnehin nicht braucht. Gleichwohl ist Doris zum Zeitpunkt ihrer Beziehung zu Ernst, dem „grünen Moos", der ihr gegenüber Fürsorge empfindet und ihr Geborgenheit und Heimat bietet, fast bereit, den Pelz zurückzugeben. Bezeichnenderweise gibt sie diesen Vorsatz auf, sobald sie wieder allein ist.

Leitmotiv für Neue Sachlichkeit

Volker Klotz sieht den Pelzmantel als bezeichnendes Leitmotiv für die Neue Sachlichkeit an, da er die Tendenz der Überbewertung von Oberflächenreizen aufnimmt; er ist ein Zeichen der Überforderung seiner Trägerin mit der Situation.[22] Nicht nur Doris hat Besitz von dem Mantel ergriffen, sondern auch umgekehrt der Mantel von ihr. Unbestreitbar ist, dass die wertsteigernde Ausstrahlung des Mantels von Doris genutzt wird, sie aber auch von diesem Gegenstand abhängig ist.

Es passt zu dem „kunstseidenen Mädchen", dass es sich bei dem Mantel lediglich um Eichhörnchenfell handelt. Wirklich kostbare Stoffe wie Seide und exotische Tierpelze (Hermelinfell) kommen für das junge, im Grunde doch noch bürgerliche und in der Provinz verhaftete Mädchen nicht in Betracht. Herkunft und Zugehörigkeit zu einer Schicht lassen sich nicht abstreifen und auswechseln, wie man einen Mantel an- und auszieht.

22 Klotz, Volker: *Kunstseidenes Mädchen und seidene Kritik. Irmgard Keuns früher Roman ist neu erschienen.* In: „Frankfurter Rundschau" vom 21. 7. 1979

Doris im Fehmantel (Verfilmung des Romans 1959 mit Giulietta Masina in der Hauptrolle) © Cinetext Bildarchiv

Glanz

Doris hat die erklärte Absicht ein „Glanz" zu werden. Mit dieser immer wiederkehrenden Formulierung wird der Wunsch verknüpft, anders zu sein als die anderen, herauszuragen, sie zu überstrahlen, wichtiger zu sein. Die Metapher beinhaltet sehr viele verschiedene Aspekte:

Hierarchie

„Das ist komisch: Jeder Glanz hat über sich noch einen höheren Glanz." (S. 72, Z. 16 f.)

Doris lernt Unterordnung in unterschiedlichen Zusammenhängen kennen:

→ Der Vater ist in der kleinbürgerlichen Familie das Oberhaupt und bestimmt über sie und die Mutter, obwohl er der Nutzloseste und am wenigsten Verantwortungsvolle ist. Er nimmt sich das Recht, Geld zu fordern, moralische Grundsätze festzulegen und Doris gegebenenfalls vor die Tür zu setzen.
→ Im Theater wird streng auf die Ranghöhe geachtet.
→ Im Arbeitsverhältnis wird die Überlegenheit des Arbeitgebers deutlich. Diese Form der Überlegenheit wird allerdings von Doris nicht mit „Glanz" verknüpft.
→ Armut erniedrigt. Selbst Toilettenfrauen und Kellner drücken ihre Verachtung aus. Im Gegenzug sind die Frauen, die finanziell unabhängig und gesellschaftlich hochstehend sind, bewundernswert.
→ Im Vergleich zur Prostituierten Hulla ist Doris trotzdem noch ein „Glanz".

Karriere, Bewunderung, Achtung und Verachtung

„Ich will so ein Glanz werden, der oben ist … Und die Leute achten mich hoch, weil ich ein Glanz bin." (S. 26, Z. 27 ff.)
„Ich werde ein Glanz, und was ich dann mache, ist richtig – nie mehr brauch ich mich in Acht nehmen … nichts kann mir mehr passieren an Verlust und Verachtung, denn ich bin ein Glanz." (S. 26 f., Z. 35 ff.)

> „Ich habe ausgeglänzt, meine Karriere ist hin, alles ist hin" (S. 34, Z. 22 f.).

Ein „Glanz" sein bedeutet Berühmtheit und Anerkennung, es ist für Doris mit der Achtung der Menschen und mit persönlicher Unabhängigkeit und Souveränität verknüpft. Wer berühmt ist, braucht ihrer Meinung nach nichts mehr zu fürchten. Man kann sogar andere Menschen in seinen Ruhm mit einbeziehen, zum „Seitenglanz" (S. 35, Z. 21) machen. Gerade in dieser Hinsicht zeigt sich ihre Naivität und sie lernt zunehmend die Machbarkeit einer solchen Karriere zu bezweifeln bzw. fragt nach den Bedingungen: „Ob man wohl ein Glanz werden kann, wenn man es nicht von Geburt ist?" (S. 28, Z. 12 f.)

Menschliche Wärme

> „... und es ist kein Glanz und keine Menschen – lauter gestorbene Grabsteine gehen" (S. 69, Z. 33 f.).

In der Trostlosigkeit und Anonymität der Großstadt Berlin gehen menschliche Nähe und Wärme verloren. Doris muss lernen, dass selbst Reichtum und die äußere Anzeichen von glanzvollem Dasein nicht glücklich machen (vgl. S. 76).

Schönheit

> „Und man wird alt mit zeitigen Jahren, wo, was ein Glanz ist mit Hermelin, noch lange nicht alt ist" (S. 109, Z. 2 f.).
> „Ich wurde manchmal sehr gehoben durch ihn [Feh] und eine höhere Schule und echte Dame und eine Bühne und ein Anfang von einem Glanz." (S. 116, Z. 30 ff.)

Die Position, in der man sich als „Glanz“ befindet, bewirkt auf vielfältige Weise (Kleidung und andere Requisiten, gepflegtes Äußeres, Ruhe statt eines aufreibenden Arbeitslebens, Zufriedenheit etc.), dass Schönheit erhalten und der Alterungsprozess aufgehalten wird. Beides sind für Doris außerordentlich wichtige Aspekte.

Freude, Helligkeit und Leichtigkeit

> „ich habe eine Lust, mein Gesicht in meine Hände zu tauchen, damit es nicht so traurig ist. Es muss sich soviel Mühe geben, weil ich ein Glanz werden will“ (S. 47, Z. 33 ff.).

Ein „Glanz“ strahlt für Doris Freude und Fröhlichkeit aus. Deshalb ist es auf dem Weg dorthin außerordentlich wichtig, Unglück nicht zu zeigen.

Erst nach der Trennung von Ernst entwickelt Doris die Vorstellung, dass moralische Integrität und das Dasein als „Glanz“ sich möglicherweise ausschließen. Herzensgüte scheint ihr letztlich doch wichtiger zu sein. Möglich ist allerdings auch, dass Resignation im Spiel ist, wenn sie abschließend meint: „Auf den Glanz kommt es nämlich vielleicht gar nicht so furchtbar an.“ (S. 130, Z. 23 f.)

3.7 Interpretationsansätze

ZUSAMMEN-FASSUNG

Verschiedene Interpretationsansätze bieten sich zu den thematischen Schwerpunkten dieses Romans an:
→ Film, Medien und Musik,
→ die Beziehungen zwischen den Geschlechtern und die Auseinandersetzung mit der Rolle der Frau,
→ die Ausgestaltung der Hauptfigur als weiblicher Schelm, die durch den vordergründig naiven Blick auf die Gesellschaft und zeitlichen Umstände Kritik übt.

Theater, Film, Schlager und das eigene Leben

Selbstinszenierung

Inszeniertes Leben

Die Protagonistin Doris kündigt zu Beginn des Romans an, dass sie schreiben wolle „wie Film" (S. 4, Z. 6), denn so sei ihr Leben und werde es „noch mehr so sein" (S. 4, Z. 7). Voraussetzungen für ihre Karriere sieht sie in der Ähnlichkeit mit bekannten Schauspielerinnen und ihrer Schönheit ganz allgemein. Ihr ganzes Leben wird zu einer Selbstinszenierung. Sie möchte auffallen, Achtung und Respekt und Verwunderung erzeugen. Wie Filme es tun, bietet sie ihr Leben als Ersatz für andere an. Sie genießt es beispielsweise, dass ihre Kollegin Therese sich in Ermangelung eines eigenen aufregenden Lebens sich an ihrem Schicksal festgelebt hat (vgl. S. 10, Z. 6 ff.) und gesteht sogar, dass sie ohne das Erzählen darüber sonst „nicht so große Lust [hätte], fabelhafte Erlebnisse zu haben" (S. 10, Z. 12 f.).

Rollenspiel

Selbst ohne Zuschauer setzt sie sich in Szene, indem sie z. B. lieber im Nachthemd anfängt zu schreiben, als einen weniger schicken Mantel der Wärme wegen anzuziehen. Männern gegenüber spielt sie verschiedene Rollen, die sie jeweils für angemessen hält. So präsentiert sie sich ihrem Chef als verliebte Angestellte, anderen Männern als hingebungsvoll, beeindruckt, als bescheiden, schamhaft, tugendhaft, von ihrer erotischen Ausstrahlung gefangen genommen. Dies geschieht aber in der Regel planvoll und aus praktischen Gründen: Sie will von den vielen Fehlern in ihren Texten ablenken, nicht mehr die anstrengende Heimfahrt antreten müssen, eine neue Uhr oder Kleidungsstücke, Unterkunft, Essen, Aufstiegsmöglichkeit u.v.m. Dabei geht sie meist davon aus, dass die Männer zu dumm und zu eitel sind, um ihr Spiel zu durchschauen. Sich selbst zwingt sie gelegentlich zum Durchhalten der jeweils gewählten Rolle durch kleine Tricks (z. B. rostige Sicherheitsnadeln oder hässlichen Regenmantel). Das eigene Leben wird zur Theaterbühne, die Glaubwürdigkeit ihrer Inszenierung zur Herausforderung:

> „Schönes Theater wird sie ihm vorgemacht haben. So'n Mann glaubt ja alles. Dem was vorlügen, macht gar keinen Spaß – der glaubt ja alles ohne weiteres. Ich brauche da ganz andere, der ist mir zu leicht – wo ich doch in mein Lügen künstlerisch entwickelt habe." (S. 103, Z. 6 ff.)

Nur in den Fällen, wo sie wirklich emotional beteiligt ist, tritt das Rollenspiel hinter die eigene Person zurück.

Theater

Theater als Sprungbrett zur Berühmtheit

Ihre große Chance, ein „Glanz" zu werden, sieht sie dann, als sie eine kleine Statistenrolle am Theater bekommt. Anfangs glaubt sie, durch die bloße Beteiligung im Theater ihr Ziel erreicht zu haben („Es hat sich Einschneidendes begeben, denn ich bin jetzt Künstlerin", S. 17, Z. 7 f.). Dann lernt sie aber zusehends mehr über die

Bedingungen des Theaters, indem sie sehr genau beobachtet und teilweise mit beißender Kritik vermerkt, was um sie herum vorgeht. Notwendige Voraussetzungen für eine Karriere am Theater sind nach ihrer Erkenntnis:

→ die Anerkennung der Hierarchie des Theaters (vgl. S. 17 f., Z. 33 ff.),
→ die Notwendigkeit, auf sich aufmerksam zu machen, „entdeckt“ zu werden, „auffällig“ zu sein (vgl. S. 18, Z. 13–27),
→ Bildung, und wenn man diese nicht hat, darf man die Unwissenheit nicht zeigen (vgl. S. 23 f., Z. 23 ff.),
→ Talent, Anerkennung durch Kollegen und Theaterleitung vgl. S. 25, Z. 23 ff.).

Die ersten beiden Aspekte bewältigt Doris durchaus, zumal sie offenbar wirklich über ein gewisses Talent verfügt (vgl. Gedichtvortrag in der Schule und Vorsprechen beim Direktor) und skrupellos genug ist, um Konkurrentinnen rigoros auszuschalten. Aber die mangelnde Bildung führt zu anstrengenden Situationen („ich bin manchmal richtig müde vor lauter Aufpassen, und immer soll ich mich schämen müssen, wenn Worte und so Sachen sind, die ich nicht kenne“, S. 23, Z. 27 ff.). Dazu kommen Probleme durch Lügen, Neid und Hass.

Schließlich ist es aber das erlogene Verhältnis zum Theaterdirektor, das die übereilte Flucht aus dieser Umgebung nötig macht. Sie hat sich in dieses „fabelhafte“, mit vielen Details versehene, aber erfundene Verhältnis so verstrickt, dass der Skandal unvermeidbar scheint. Als Grunde für das Verlassen des Theaters gibt sie aber lieber an, dass sie die Männer satt habe und die Erkenntnis, „dass Theater mit dem Leben gar nichts zu tun hat“ (S. 22, Z. 5 f.). Gleichzeitig ist in diesem Zusammenhang bezeichnend, dass sie zu diesem Zeitpunkt den Pelzmantel stiehlt, der ihr von nun an eine besondere Rolle und den Anschein von Reichtum und Ansehen gibt. Außerdem bietet er Heimat und Schutz (vgl. dazu den Abschnitt zur Funktion des Fehs im Kap. 3.6 dieser Erläuterung).

Kabarett

Beim Besuch des Kabaretts mit Varieté sieht die Protagonistin vor allem die Anstrengung, die Lebensgefahr und das Künstliche der Auftretenden („auf den Augen pfundweise knallblau", S. 26, Z. 16 f.; „und hat Witze gemacht unter Lebensgefahr … Er hätte tot sein können", S. 26, Z. 18 ff.). Dennoch bewertet sie die Veranstaltung als „erstklassiges Kabarett" (S. 26, Z. 21).

Kino

Mediale Scheinwelt ≠ Realität

Die Diskrepanz zwischen medialer Scheinwelt und wirklichem Leben erfährt Doris ebenfalls im Zusammenhang mit dem Kino. Beim Besuch des Kinos mit dem „grünen Moos" lässt sie sich einerseits von der Filmwelt gefangen nehmen und emotional berühren, dann aber vergleicht sie die eigene Welt mit der Filmwelt und erkennt die Unwirklichkeit derselben. In diesem Zusammenhang möchte Doris doch lieber in der Realität als in einer Scheinwelt leben. Sie hat ihre Liebe zum „grünen Moos" entdeckt und ist traurig, weil er nicht auf sie reagiert („Bin ich ein Kino oder eine Liebe", S. 114, Z. 8 f.). Immer wieder taucht das Bedürfnis nach einem Kinobesuch auf, meist um in eine andere Welt zu entfliehen (vgl. S. 90, Z. 24 f.). Die Option, zum Film zu gehen, geistert ebenfalls in Doris' Kopf herum. Sie setzt diese Möglichkeit aber nie um.

Schlager

Identifikation mit Liedtexten

Auch Schlager bieten die Möglichkeit des Vergleiches mit dem eigenen Leben. Doris identifiziert sich mit der Elisabeth mit den schönen Beinen und das grüne Moos mit dem armen Gigolo. Aber auch ungerechtfertigte Verherrlichung wird gesehen: Das „Reeperbahnmädchen ist eigentlich ein viel zu armes Luder, als dass sie [die Kapelle] das so rausjubeln brauchen" (S. 70, Z. 35f), findet Doris. Eine Überführung erlebter Glücksmomente in einen Schlager ist dagegen wünschenswert (vgl. S. 110, Z. 9 ff.).

Schlager als erzählerisches Stilmittel

Während eine zeitgenössische Rezensentin die Aufnahme von Modeschlagern im Roman als populistisch kritisiert[23], wird zunehmend erkennbar, dass Film, aber auch zeitgenössische Schlager zu einer Art Linse werden, durch die die Protagonistin wiederum ihr eigenes Leben wahrnimmt. Darüber hinaus werden sie zum stilistischen Prinzip: Als Doris getanzt und einen Schwips hat, setzen Versatzstücke und Variationen des Walzers „Wien, Wien …" sich fort in ihrer Beschreibung, nehmen den Rhythmus auf und bringen die beschwingte Stimmung der Schreiberin zum Ausdruck (vgl. S. 115, Z. 14 ff.).

Doris bedenkt den Anfang eines Schlagers über sich während ihrer Zeit bei Ernst. Sie nimmt dabei typische Merkmale des Schlagers auf: Einfachheit, Wiederholung (dreifach), Rhythmik (vierhebiger Trochäus) und das Thema Liebe. So vermittelt sie ihre Sehnsucht nach einer solchen Situation:

> „Meine liebe kleine Doris – meine liebe kleine Doris – meine liebe kleine Doris – auf solche Weise kommt man zu einem neuen Lied, was ein Schlager ist." (S. 110, Z. 9 ff.)

---

23 „Das zweiten Buch, allzu rasch herausgeschleudert, mit letztem Modelokal und letztem Modeschlager, liegt jetzt vor und heißt *Das kunstseidene Mädchen.*" In: Gehrke, Martha-Maria: *Irmgard Keun: „Das kunstseidene Mädchen"*. In: „Vossische Zeitung", Morgenausgabe vom 26. 6. 1932 (Literarische Umschau Nr. 26)

Im Roman einbezogene Schlager, Volkslieder und Musikstücke

→ Ich hab dich lieb, braune Madonna – in deinen Augen glüht der Sonnenschein (S. 16, Z. 33 f.; S. 47, Z. 21; S. 66, Z. 19)
→ Wenn die Elisabeth nicht so schöne Beine hätt' (vgl. S. 25, Z. 24 f.)
→ Heil dir im Siegerkranz (S. 33, Z. 6)
→ Die Marseillaise (S. 33, Z. 16 f.)
→ Das Wandern ist des Müllers Lust (S. 34, Z. 4)
→ Kommt ein Vogel geflogen (S. 34, Z. 5)
→ Das ist die Liebe der Matrosen (S. 53, Z. 8; S. 54, Z. 14 f.; S. 101, Z. 15; S. 111, Z. 9 f.; S. 114, Z. 9; S. 130, Z. 1 f.)
→ Ich schenke mein Herz nur dir allein (S. 68, Z. 22)
→ Ein Mädchen von St. Pauli, ein Mädchen von der Reeperbahn (aus: In Hamburg an der Elbe, S. 70, Z. 7 und 33 f.)
→ In Sankt Pauli bei Altona bin ich verlassen worden (S. 71, Z. 7)
→ Das ist die Jugend – das ist die Liebe (S. 71, Z. 27 f.)
→ Die Liebe, die Liebe ist eine Himmelsmacht (S. 73, Z. 13)
→ Stille Nacht, heilige Nacht (S. 82, Z. 29 f.)
→ O Donna Klara (S. 86, Z. 18 f.)
→ Armer Gigolo, schöner Gigolo (S. 91, Z. 4; S. 98, Z. 23 f.)
→ Das gibt's nur einmal, das kommt nicht wieder (S. 115, Z. 17 f.; S. 119, Z. 30 f.)
→ Wien, Wien nur du allein (S. 115, Z. 18 .)
→ Im Prater blühn wieder die Bäume (S. 118, Z. 19 f.)
→ Es spielt der Jim Harmonika (S. 118, Z. 21)
→ Mein ist die schönste der Frauen (S. 120, Z. 5 f.)

Roman als Vorläufer der Popliteratur

In gewisser Hinsicht könnte man den Roman von Irmgard Keun als **Vorläufer der Popliteratur** verstehen, wie er in der zweiten Hälfte des Jahrhunderts, in Deutschland insbesondere in den 1990er

Jahren auftaucht (vgl. dazu die literarische Einordnung des Romans im Kap. 2.2 dieser Erläuterung).

> „Merkmale der Popliteratur zeigen sich beispielsweise in Texten, die in einfacher Sprache und realistisch aus dem Leben gesellschaftlicher Außenseiter berichten; die auf Songs und Phänomene der Popkultur verweisen; … die ein kritisches Verhältnis zum hohen Ton der traditionellen Literatur haben und sich um neue, authentische Sprechweisen bemühen oder die Sprache in Einzelteile zerlegen."[24]

Kritische Reflexion von Zeitgeschichte

Auch in *Das kunstseidene Mädchen* geht es um Außenseiter. Inhalt und Sprache des Romans galten als kulturell nicht hochstehend und sind von zeitgenössischen Kulturpädagogen und Literaturkritikern scharf verurteilt worden.[25] Dennoch avancierte der Roman zum Bestseller und wurde insbesondere von der jüngeren weiblichen Leserschaft begierig aufgenommen. Wie in Beispielen der Zeit der Jahrtausendwende (Thomas Brussig, *Am kürzeren Ende der Sonnenallee*, Christian Kracht, *Faserland*, Frank Goosen, *liegen lernen* – um nur einige zu nennen) wird Zeitgeschichte reflektiert und kritisch dargeboten. Gleichzeitig wird über die Einbeziehung bestimmter Popsongs = Schlager eine Stimmung gekennzeichnet und ein Zusammengehörigkeitsgefühl zwischen Leser und Erzähler erreicht.

---

24 Ernst, Thomas: *Popliteratur.* Hamburg: Rotbuch Verlag, 2001, S. 9 (vgl. auch die Ausführungen und Beispiele in Baßler, Moritz: *Der deutsche Pop-Roman. Die neuen Archivisten*. München: C. H. Beck, 2002)

25 vgl. dazu die Ausführungen in Barndt 2003, S. 74 ff.

Rolle und Selbstverständnis der Frau, Beziehung der Geschlechter

Immer wieder wird die Frage gestellt, inwieweit Doris als Protagonistin emanzipatorisches Gedankengut verkörpert. Einerseits hat sie revolutionäre Ansichten, andererseits hat sie in ihren „geheimsten Wünschen traditionelles Denken verinnerlicht.“[26]

1970er Jahre: Moderne Autorin versus Unterhaltungsschriftstellerin

In den späten 1970er Jahren hat der Leser der Keun'schen Romane die Wahl zwischen zwei Bewertungsmöglichkeiten der Autorin: „Vorläuferin der schreibenden Frau von heute oder Unterhaltungsschriftstellerin mit Bohème-Allüren von damals.“[27]

Nahezu vierzig Jahre später ist der Blick auf die Protagonistin Doris wieder ein anderer, durch zeitgenössische Vorstellungen von Rollen und Beziehungen zwischen Männern und Frauen geprägt.

Doris zeigt in ihrem Verhalten eine ganze Reihe von traditionellen bürgerlichen Tugenden (vgl. dazu die Charakteristik der Hauptfigur im Kap. 3.4 dieser Erläuterung). Sie will ausdrücklich ein „anständiger Mensch“ (S. 107, Z. 11) sein. Dabei denkt sie an kleinliche Anstandsregeln z. B. bzgl. des Zeitpunktes, wann man sich kratzen darf. Ihr Lebenswandel und ihre wechselnden Bekanntschaften gehören nicht gerade zu dem, was in ihrer Zeit von einem anständigen Mädchen erwartet wird, andererseits nimmt sie kurzfristige und durch Lust oder Pragmatismus bestimmte Beziehungen unserer Zeit vorweg.

Zeit des Umbruchs: Frau galt noch als labil und moralisch schnell sinkend

Die Protagonistin Doris lebt in einer Zeit des Umbruchs und der sich rasant verändernden Gesellschaft. Das wird beispielsweise in einem Gespräch mit Ernst deutlich, der in der „so zerrüttete[n] Zeit“ (S. 100, Z. 34) dem Mann die Rolle des Starken und vom

---

26 Sack, Volker: *Zeitstück und Zeitroman in der Weimarer Republik. Ödön von Horvath: „Kasimir und Karoline“; Irmgard Keun: „Das kunstseidene Mädchen“*. Stuttgart: Klett Verlag, 1985, S. 32

27 Schoeller 1979

Gesetz Gehaltenen gibt, die Frau als labil und moralisch schnell sinkend beschreibt. Doris reagiert auf diese Kennzeichnung naiv, aber im Grunde misstrauisch. Sie präsentiert dem Leser im Laufe des Romangeschehens recht klare Vorstellungen von der Rolle der Frau und des Mannes, bzw. des Verhältnisses der Geschlechter untereinander.

Doris lehnt bei Männern strikt ab:	
Doppelmoral bezüglich der Bindung an einen Mann (Geld oder Liebe, Gefallen)	der Onyx (S. 50)
Witze und scheinbar sachliche Gespräche über Erotik, die eigentlich unanständig sind	der Schmiss (S. 86)
Ungleichbehandlung: Männer dürfen fremdgehen, Frauen nicht	der rote Mond (S. 46)
Bestimmte Eigenschaften bei Männern: – Dummheit, fehlendes Gespür für Konsequenzen – Überheblichkeit und Eitelkeit – Feigheit – Brutalität, mangelnde Achtung gegenüber Frauen – Untreue, Härte – betrunkene anzügliche Männer – Hässlichkeit – Anzüglichkeit und sexuelle Belästigung – Sadismus – Verlogenheit	 der Schöne (S. 51) der rote Mond (S. 46) Brenner (S. 66) Rannowsky (S. 72) Albert (S. 77) Lippi Wiesel (S. 83) der Schöne (S. 51) der Schauspieler (S. 29) der Alte (S. 6) der Onyx (S. 51)
Doris lehnt bei Frauen strikt ab:	
– ordinäre Art und Billigkeit – dominante Frauen, die den Partner ihre Überlegenheit ständig spüren lassen – Gemeinheit und Geiz – Faulheit – Hässlichkeit und Alter	Hulla (S. 72) Frau Brenner (S. 56) Frau Briekow (S. 78) Frau des Onyx (S. 50) bei sich selbst (S. 101)

In scharfer ironischer Form kritisiert Doris die Selbstaufgabe und Unterordnung unter einen Mann, z. B. als dessen Geliebte ohne jeden Anspruch auf soziale Anerkennung, finanzielle Absicherung, Verständnis und Liebe. Therese ist für Doris ein abschreckendes Beispiel dafür (vgl. S. 108 f.). Aber auch eine kleinbürgerliche Ehe mit bescheidenem Auskommen, wie sie z. B. Lorchen Grünlich führt (vgl. S. 48), löst bei Doris nur Verachtung aus. Sie bewundert reiche, selbstbewusste und elegante Frauen (vgl. S. 48).

Doris kritisiert Selbstaufgabe und Unterordnung

In diesem Zusammenhang ist zu verstehen, warum der Roman von zeitgenössischen Leserinnen, die auf der Suche nach Weiblichkeitsentwürfen waren, begierig aufgenommen wurde. „Der zeitgenössischen Populärkultur" fiel offenbar die Aufgabe zu, „kommende Entwicklungen zu entwerfen" und „den Aufbruch der Frauen in eine neue Zeit, ihre Befreiung und Emanzipation aus patriarchalischer Vormundschaft vorzuzeichnen".[28]

Merkmale emanzipatorischen Verhaltens

Aus heutiger Sicht nimmt Doris einige Merkmale emanzipatorischen bzw. zeitgenössischen Verhaltens vorweg:

1. Sie will selbstständig und unabhängig sein: „Und ich überlege rauf und runter, wie ich wieder eine Grundlage bekomme, denn nur allein auf Männer angewiesen sein, geht leicht schief" (S. 16, Z. 25 ff.). Sie trifft eigene Entscheidungen, löst sich ohne Sicherheiten aus der familiären Enge, begibt sich in die Großstadt und nimmt diese für sich in Besitz („mein Berlin"). Auch von den Männern ist sie nicht abhängig, sondern beginnt oder löst sich aus Beziehungen nach eigenem Gutdünken bzw. aufgrund der Art der Beziehung. Eher verzichtet sie auf finanzielle Sicherheit und Schutz, als dass sie sich ausnutzen lässt.

Selbstständigkeit und Unabhängigkeit

---

28 Barndt 2003, S. 10

Im Gegensatz zur heutigen Vorstellung von Selbstständigkeit will sie aber keine bezahlte Arbeitsstelle annehmen, selbst wenn dies bei der hohen Arbeitslosigkeitsrate möglich wäre.

Schönheit und Jugendlichkeit

2. Schönheit, Jugendlichkeit und Modebewusstsein sind wichtige Faktoren für Doris. Das gilt nicht nur für Frauen, sondern auch für Männer.

Erotik

3. Erotik wird als Bindeglied zwischen den Geschlechtern gesehen: „Manchmal ist das Erotische nur dafür gut, dass man du zusammen sagen lernt“ (S. 124, Z. 18 f.). Nur „noch unseren Kopf zueinander denken und sonst nichts“ (S. 70, Z. 16 f.) ist für Doris nicht ausreichend. Im Laufe des Romangeschehens lernt Doris die Unterscheidung zwischen Sinnlichkeit und Begehren und Fürsorge und Liebe: Doris sagt zu Brenner: „Liebe ist zufällig zusammen betrunken sein und aufeinander Lust haben und sonst Quatsch.“ Dieser antwortet: „Liebe ist mehr“ (S. 66, Z. 8 ff.). Zärtlichkeit ist etwas Schönes, kommt aber in Doris' Erfahrungsbereich selten vor (vgl. S. 47).

Klare Motivation sexueller Beziehungen

4. Sexuelle Beziehungen sollten klar motiviert sein. Wenn weder Liebe noch Geld dahinter stehen, sind sie ihrer Meinung nach unmoralisch: „Mit einem Fremden schlafen, der einen nichts angeht, ganz umsonst, macht eine Frau schlecht. Man muss wissen wofür. Um Geld oder aus Liebe.“ (S. 37 f., Z. 36 ff.)

Ausgewogene Partnerschaft

5. Doris bevorzugt ausgewogene Partnerschaften. So lehnt sie gleichermaßen die Abhängigkeit Ernsts von seiner Frau ab, wie sie die Dominanz von Frau Brenner kritisiert: „Ich kann doch sehr verstehen, dass Männer untreu sind, denn wenn

Frauen was ganz gehört, sind sie manchmal gut auf eine Art, die glatt gemein ist." (S. 57, Z. 4 ff.)

6. Partnerschaften sollten ihrer Meinung nach durch Innigkeit und Verständnis füreinander geprägt sein (vgl. S. 75, Z. 8). Sie sollten nicht immer gleich zerbrechen (vgl. S. 71, Z. 20 f.). Die Sehnsucht nach gegenseitigem Verständnis, auch in erotischer Hinsicht, wird aber nur als Frage deutlich und nie erfahren: „Ob es Männer gibt, die warten können, bis man will?" (S. 47, Z. 25 f.)

Innigkeit und Verständnis

7. Treue und der Respekt vor festen Beziehungen ist ein fester moralischer Wert für Doris: „Manchmal fasst er meinen Arm so mit geminderter Kraft, dann hört mein Alleinsein auf. Aber ist doch Tilli ihrer" (S. 72, Z. 30 f.); „Und ich bin viel zu anständig und auf Frauenbewegung eingestellt, um dir deinen zweifelhaften Faltbootinhaber mit Glatze abspenstig zu machen" (S. 8, Z. 1 ff.). Lediglich in den Fällen, wo von vornherein keine feste Beziehung geplant ist, wird es mit der Treue nicht so ernst genommen. Im Falle des Industriellen bleibt sie ihm nur „treu", weil sich keine Gelegenheit ergibt: „Puppe, sei mir treu, ich muss dich diesen Abend dir selber überlassen." (S. 75, Z. 17 f.)

Treue und Respekt

Letztlich erweist Doris sich aber doch als sehr in traditionellen Rollenvorstellungen verhaftet. So kommt immer wieder die Sehnsucht nach einem starken Mann, der ihr Richtlinien und Meinungen vorgibt, durch: „Ich wünschte mir sehr die Stimme von einem Mann, die wie eine dunkelblaue Glocke ist und mir sagt: Doris, hör auf mich; was ich sage, ist richtig." (S. 81, Z. 32 ff.)

Doris bleibt in traditionellen Rollenvorstellungen verhaftet

Sie kann ihre Mutter sofort verstehen, als diese ihr die Begründung für ihre Verbindung mit dem Vater angibt. Die Zugehörigkeit zu einem Mann bedeutet Sicherheit und eine feste soziale Position.

Doris wird im Roman als am zufriedensten und glücklichsten gezeigt, als sie für das „grüne Moos" einkaufen, stopfen und Kerzenständer basteln kann, während er für das Auskommen sorgt. Die beiden verfallen in klassische gutbürgerliche Rollen und sie gibt den Anspruch auf eine eigene Karriere und sogar auf die Anerkennung ihrer Leistungen im Haushalt auf.

Doris gibt sich völlig unpolitisch und interessiert sich offenbar nicht für Hintergründe und erschreckende Zeiterscheinungen (aufkommender Nationalsozialismus) oder positive Entwicklungen (Frauenbewegung).

Das von Doris erstrebte Ideal der Frau ist: Reichtum und Schönheit, gepaart mit natürlicher Vornehmheit, die sich in Gestik, Haltung und Benehmen ausdrückt, dazu Selbstsicherheit und Rätselhaftigkeit wie die Dame im Kabarett. Dieses Ideal muss sie als für sich unerreichbar ansehen.

Doris als „Picara"

Die Hauptfigur Doris kann als Schelmin (spanisch: pícara) gesehen und der Roman *Das kunstseidene Mädchen* als Schelmenroman verstanden werden. Ein Schelmenroman ist dem Sachwörterbuch der Literatur zufolge eine

Begriff Schelmenroman

> „Sonderart des Abenteuerromans, in dessen Mitte die Gestalt des Picaro (= Schelm, ‚Landstörzer') steht. Dieser erlangt häufig selbst keinen Eigenwert und ist nicht zur geschlossenen, einheitlichen Individualität im Sinne des Entwicklungs- und Bildungsromans durchgestaltet, sondern seine mannigfaltigen Schick-

sale und Abenteuer als Umhergetriebener dunkler oder niederer Abkunft, der sich mit allen erlaubten und unerlaubten Mitteln, List und Betrug, Lügen und Schlichen, gerissen durchs Leben schlägt, dienen nur dazu, die vielfältigen dabei berührten Gesellschaftsschichten von der niedersten bis zur höchsten aus der Perspektive von unten her zu desillusionieren: Gesellschaftssatire verbunden mit abenteuerlich-schwankhaften Motiven. Gemeinsam ist dem Schelmenroman die Fülle von Schauplätzen, Figuren und Episoden als Darstellung einer vielfältigen, bunten Welt, ferner die Ich-Form und meist eine soziale Einstellung."[29]

Der Roman und seine Protagonistin entsprechen dieser Definition in vielfacher Hinsicht:

Weltsicht der Heldin aus Ich-Perspektive

1. Der Roman ist als Ich-Erzählung verfasst und gibt die ungebrochene Weltsicht und Anschauung der Heldin wieder. Dabei werden ganz offensichtliche Fehleinschätzungen und Behauptungen unkommentiert stehen gelassen. Sich selbst gegenüber entwickelt Doris zwar eine gewisse kritische Selbsteinschätzung, vieles durchschaut sie aber schlichtweg nicht. Auch ihre Bildung überschätzt sie weitgehend („und sogar meine Fußnägel sind gelackt, und ich bilde mich geistig und sage manchmal ‚c'est ça olala'", S. 73, Z. 30 f.).

Soziale Grundhaltung

2. Doris zeigt bei aller Durchtriebenheit und egoistischer Verhaltensweise dennoch eine soziale Grundhaltung, die sich häufig in spontanen Emotionen oder Aktionen äußert. Sie empfindet Fürsorgepflicht, Verantwortung und Mitleid (vgl. S. 52, Z. 4–7) gegenüber schützenswerten und hilflosen Geschöpfen. Dies

29 Wilpert, Gero von: *Sachwörterbuch der Literatur*. Stuttgart: Alfred Kröner Verlag, 1969, S. 683

kann sich sowohl auf Menschen als auch auf Tiere beziehen. Als sie festgestellt zu haben glaubt, dass Frau Ellmann und deren Mann ihre Katze Rosalie als Sonntagsbraten verzehrt haben, ist sie traurig, denn „was so klein ist und weich und ohne Hilfe, dass man es mit zwei Händen fassen kann, dafür hat man immer sehr viel Liebe“ (S. 41, Z. 1 f.). Sie hilft auch Margrete bei der Geburt ihres Kindes, hat Mitleid mit den Prostituierten, versucht Hulla zu trösten und zu ermutigen und geht sogar so weit, auf Ernst zu verzichten und ihn wieder seiner Frau zu überlassen. Auch soziale Ungerechtigkeiten und Missstände registriert sie genau.

Subjektiv erlebte Welt

3. Die ‚Welt‘, die dem Leser gezeigt wird, weist alle Couleurs von gesellschaftlichen Schichten, Schatten- und Lichtseiten der Stadt, verschiedenartigste Menschen und Charaktere, Scheinwelten und triste Alltagssituationen auf. In schneller Folge wechseln Schauplätze und Personenkonstellationen und zeigen immer neue Facetten einer subjektiv erlebten Welt.

Vom Schicksal Getriebene

4. Doris ist im wörtlichen Sinne eine „vom Schicksal Getriebene“, da sie immer auf zufällige Begebenheiten und unvorhersehbare Situationen spontan reagieren muss. Der Wartesaal des dritten Abschnittes des Romans ist repräsentativ für Doris’ Leben: „Ich gehe herum mit mein Koffer und weiß nicht, was ich will und wohin. Im Wartesaal Zoo bin ich sehr viel. Warum können Kellner so voll Hohn sein, wenn man mal zufällig kein Geld hat?“ (S. 84, Z. 3 ff.).

Untere Gesellschaftsschicht

5. Der unteren Schicht angehörend nimmt Doris mit einerseits großer Unbefangenheit und Naivität, andererseits mit ungetrübtem Blick Verhaltensweisen von Menschen aller Schichten

auf. Durch ihre wechselnden Männerbekanntschaften begegnet sie vielen auf einer recht persönlichen und intimen Ebene.

6. In vielen Zusammenhängen wird die Darstellung zur Satire; selbstverliebte Autoren werden z. B. der Lächerlichkeit preisgegeben und deren Doppelmoral entlarvt: „Ich merkte gleich, dass die echt Jungfräuliche ihm abgesprungen war und der Vater von Professor auch und hat keine Stelle und macht Murks hier." (S. 37, Z. 13 ff.; vgl. auch S. 86, Z. 27–32). Modische Tendenzen (Italienischer Salat) werden karikiert und Überheblichkeit wird entlarvt:

Satirische Darstellung

„Aber es ist die billigste Beschäftigung der Elite, da sie nicht arbeitet und sich darum beschäftigt. Und sie ist literarisch, und die literarische Elite ist ungeheuer fleißig mit Kaffee und Schach und Reden und noch so viel Geist, weil dass sie sich vor sich selbst nicht anmerken lassen will, dass sie faul ist." (S. 61 f., Z. 31 ff.)

7. Um zu überleben, lügt und stiehlt Doris. Spätestens kurz bevor sie den Schauplatz wechseln muss und wieder ins Ungewisse gestoßen wird, lässt sie etwas mitgehen. Dies wird zu einem immer wiederkehrenden Mechanismus: „Denke ich, das ist zuviel verlangt, stundenlang Rebenhügel hören für umsonst – und nehm heimlich noch ein Hemd und stopf es mir vorne ins Kleid. … Und haute ab." (S. 50, Z. 5 ff.) Beispielhaft für ihre Gerissenheit und Skrupellosigkeit ist auch die Art und Weise, wie sie ihre Rolle im Theater erreicht (vgl. S. 24, Z. 11 ff.).

List und Betrug

Der männlichen Figur des Hochstaplers oder Schelms[30] ist in der neu-sachlichen Literatur der Weimarer Republik die komische Hure als weibliches Pendant zugeordnet:

Doris als weiblicher Schelm

> „Ihre soziale Herkunft …, der Wille für sich selbst einzustehen, die Lust am Rollenspiel, ihre pragmatische Beziehung zur Welt, die darauf gerichtet ist, essentielle Bedürfnisse (Hunger, Schlaf etc.) zu befriedigen, das Entwickeln eigener Moralvorstellungen, die mit der Doppelmoral der Gesellschaft brechen und deren Regeln missachten, horizontale Bewegungen im geographischen Raum (Reisen, bzw. Fluchten), vertikale Bewegungen im gesellschaftlichen Raum (die ‚Karrieren', bei denen … Doris Querschnittstypen verschiedener sozialer und politischer Couleur kenne (lernt) – diese Aspekte schließen … Doris an die Genrefigur der Pikara an."[31]

Merkmal der Umbruch- und Krisenzeit

Nach Sloterdijk[32] ist die Figur des Schelms auch ein wichtiges Erkennungsmerkmal der Umbruch- und Krisenzeit. Täuschung und Selbsttäuschung, Spiel mit Realität und Wahrheit entlarven eine Gesellschaft, die schwer zu durchschauen, zu beschreiben und zu steuern ist:

> „Hinter dem Spiel des Hochstaplers mit Wahrheit und Täuschung steht ein erschüttertes gesellschaftliches Wirklichkeitsgefüge, das zwischen den Fronten der Parteikämpfe stärker zerrieben als begreifbar gemacht wird. Der Triumph des Hochstaplers zeugt von der gesellschaftlichen und politischen Krise."[33]

---

30 vgl. z. B. Thomas Manns *Bekenntnisse des Hochstaplers Felix Krull*

31 Barndt 2003, S. 185

32 Peter Sloterdijk (*1947) ist ein wichtiger Philosoph und Literaturwissenschaftler der Postmoderne.

33 Barndt 2003, S. 189

Mit der Gestaltung der Hauptfigur als Picara wird der Roman vergleichbar mit typischen Romanen der Nachwendeliteratur aus dem Osten Deutschlands. Diese „scheinbare Wiederkehr der Schelme“[34] in Zeiten der Umbrüche und Veränderungen ist eine Auseinandersetzung wert.

---

34 Nause, Tanja: *Inszenierung von Naivität. Tendenzen und Ausprägungen einer Erzählstrategie der Nachwendeliteratur*. Leipzig: Leipziger Universitätsverlag, 2002, S. 15

4. REZEPTIONSGESCHICHTE

ZUSAMMENFASSUNG

Nachdem Irmgard Keun vom zeitgenössischen Publikum begeistert gefeiert und zur Bestsellerautorin gemacht wurde, verlor sie mit der Machtergreifung der Nationalsozialisten die Möglichkeit, weiter in Deutschland zu schreiben und zu verlegen. Auch nach ihrer Rückkehr nach Deutschland aus dem Exil blieb sie weiterhin unbeachtet. Das änderte sich in den 1970er Jahren mit neuen literarischen Ansätzen (Neue Subjektivität) und der Beschäftigung mit Frauenfragen und weiblichem Schreiben. Erst kurz vor ihrem Tod geriet sie dann wieder ins Blickfeld der Öffentlichkeit. Jüngste literaturwissenschaftliche Studien zu Irmgard Keun belegen ein erneutes Interesse an der Schriftstellerin und ihren Texten.

Erneutes Interesse in den 1970er Jahren

„So voller Witz, unbekümmerter Frechheit, lebenskluger Wachheit und Abenteuerlust hat kaum jemand zu dieser Zeit seine Figuren ins Leben eingeweiht, sich in die Literatur hineingeschrieben – gewiss nicht der um vier Jahre ältere Klaus Mann, der sich vergleichbar emphatisch als Vertreter eine jungen Generation empfand und bei aller behaupteten Abenteuerlust doch von ermüdender Geschichte umstellt war."[35]

„Vielleicht wäre diese Autorin eine unser besseren, wenn auch ein wenig chaotischen Unterhaltungsschriftsteller geblieben, wenn es nicht das Jahr 1933 gegeben hätte. ... Es hat Jahre

35 Schoeller 1979

gedauert, bis man wieder auf Irmgard Keun aufmerksam wurde. … Die deutsche Literatur ist nicht reich an Autoren, die lustig geschrieben und es doch sehr ernst gemeint haben.“[36]

36 Endres, Elisabeth: *So waren die Leute. Zum Tod der Schriftstellerin Irmgard Keun*. In: „Frankfurter Allgemeine Zeitung“ vom 7. 5. 1982

5. MATERIALIEN

Der Begriff der Neuen Sachlichkeit in der Literatur

„Neue Sachlichkeit, literarisch. Nicht nur das Sujet trifft sich mit entsprechenden Bildern von Scholz, Schlichter, Mertens, auch die Draufsicht und Darbietungsweise. Leere dominiert, obwohl Lebewesen und Sachen im Raum zugegen sind, obwohl optische und akustische Sensationen vermerkt werden. Krank, blass, abgestorben, veraltet – lauten die Stichworte. Und sie stechen die Einzelheiten fest wie tote Schmetterlinge, das Licht, die Strichmädchen, den Tisch, den Stimmungsmacher, die Musik. Die reihenden, aufzählenden Kurzsätze, forciert durch die häufigen Und-Starts, verbinden nichts, sie isolieren. Ihr Staccato ist nur negiertes Legato, es eilt und hetzt nicht, spendet keine Energie. Unbewegt bewegt es nichts. Meilenweit ist diese Genreszene entfernt von den schrillen, brodelnden, stampfenden Tanzetablissements, wie sie die Futuristen bis hin zu den Expressionisten malten, Boccioni, Kirchner, Beckmann."[37]

Irmgard Keun: *Dienen lerne beizeiten das Weib*

„Nach meiner Überzeugung ist der Durchschnittsmann von Natur aus nett und gutartig und würde vermutlich noch viel netter und gutartiger sein, wenn sich die Frauen seit Generationen nicht alle erdenkliche Mühe geben würden, ihn systematisch zu verderben und zu verhunzen. Mit der Mutter fängt's an und mit der Zimmervermieterin hört's auf, und die arme Ehefrau kann später zusehen, wie sie

---

37 Klotz, Volker: *Forcierte Prosa. Stilbeobachtungen an Bildern und Romanen der Neuen Sachlichkeit.* In: Schönhaar, Rainer (Hrsg.): Dialog. Festgabe für Josef Kunz. Berlin: Erich Schmidt Verlag, 1973, S. 267

mit dem verhätschelten Anderthalbzentner-Baby fertig wird. Wahrscheinlich wird's brüllen, wenn man ihm die Flasche fortnimmt und es mal fünf Minuten nicht bewundert. Das Männer-Baby ist daran gewöhnt, den seiner Männlichkeit zukommenden Tribut möglichst pausenlos dargebracht zu bekommen. …

'Dienen lerne beizeiten das Weib nach ihrer Bestimmung, denn durch Dienen allein gelangt sie endlich zum Herrschen, zu der verdienten Gewalt …' Das sagt Goethe, oder er lässt es vielmehr sagen. Man soll nicht immer die Aussprüche seiner Figuren für die unumstößliche Meinung des Autors halten. Wie dem auch sei, ich halte Dienen nicht für meine Bestimmung, zumal ich erst recht nicht durch mühsame diplomatische Schleichwege zum Herrschen gelangen will. Ich will überhaupt nicht herrschen. Erfahrungsgemäß verdirbt Herrschen nämlich meist den Charakter und führt zur Verdummung. Mir fällt keine Perle aus der kalten Welle, wenn ich meinem Mann mal die Schule putze, aber ich sehe nicht ein, warum er nicht bei Gelegenheit die Betten frisch beziehen soll. Vorausgesetzt, dass wir beide Geld verdienen gehen."[38]

Georg Heym: *Die Stadt*

„Georg Heym, *Die Stadt* (1911)

Sehr weit ist diese Nacht. Und Wolkenschein
Zerreißet vor des Mondes Untergang.
Und tausend Fenster stehn die Nacht entlang
Und blinzeln mit den Liedern, rot und klein.

---

38 Keun, Irmgard: *Dienen lerne beizeiten das Weib*. In: Dies.: Wenn wir alle gut wären. Köln: Kiepenheuer und Witsch, 1983, S. 47 ff.

Wie Aderwerk gehn Straßen durch die Stadt,
Unzählig Menschen schwemmen aus und ein.
Und ewig stumpfer Ton von stumpfem Sein
Eintönig kommt heraus in Stille matt.

Gebären, Tod, gewirktes Einerlei,
Lallen der Wehen, langer Sterbeschrei,
Im blinden Wechsel geht es dumpf vorbei.

Und Schein und Feuer, Fackeln rot und Brand,
Die drohn im Weiten mit gezückter Hand
Und scheinen hoch von dunkler Wolkenwand."[39]

Hans Fallada: *Kleiner Mann – was nun?*

„Dies ist also wieder mal der Kleine Tiergarten, Pinneberg kennt ihn schon seit seiner Kindheit. Er ist nie besonders hübsch gewesen, gar nicht zu vergleichen mit seinem großen Bruder jenseits der Spree, nur so ein notdürftiger Grünstreifen. Aber an diesem ersten Oktober, halb nass und halb trocken und halb bewölkt, halb sonnig mit Wind aus allen Ecken und vielen braungelben, hässlichen Blättern, sieht er besonders trostlos aus. Er ist nicht leer, nein, das ist er gar nicht. Massen von Menschen sind da, grau in der Kleidung, fahl in den Gesichtern, Arbeitslose, die warten, sie wissen selbst nicht mehr auf was, denn wer wartet noch auf Arbeit ...? Sie stehen so herum, planlos, in den Wohnungen ist es auch schlimm, warum sollten sie nicht herumstehen? Es hat gar keinen Zweck, irgendwie nach Haus zu gehen, man kommt schon ganz von selbst in dies Zu-Haus, und viel zu früh.

---

39 zit. nach: Krause, David: *Neue Sachlichkeit*. Berlin: Cornelsen Verlag, 2011, S. 6

Pinneberg müsste nach Haus. Es wäre gut, wenn er rasch nach Hause ginge, sicher wartet Lämmchen. Aber er bleibt hier stehen unter den Arbeitslosen, er macht ein paar Schritte und dann bleibt er wieder stehen. Äußerlich gehört Pinneberg nicht zu ihnen, ist fein in Schale. Er hat den rotbraunen Winterulster an, den hat ihm Bergmann noch für achtunddreißig Mark gelassen, und den steifen Hut, auch von Bergmann, er war nicht mehr ganz modern, die Krempe zu breit, sagen wir drei zwanzig, Pinneberg.

Also äußerlich gehört Pinneberg nicht zu den Arbeitslosen, aber innerlich ..."[40]

---

40 Fallada, Hans: *Kleiner Mann – was nun?* Reinbek bei Hamburg: Rowohlt Verlag, 2008, S. 155

6. PRÜFUNGSAUFGABEN MIT MUSTERLÖSUNGEN

Unter www.königserläuterungen.de/download finden Sie im Internet zwei weitere Aufgaben mit Musterlösungen.

Die Zahl der Sternchen bezeichnet das Anforderungsniveau der jeweiligen Aufgabe.

Aufgabe 1 ***

a) Lesen Sie den Textausschnitt S. 62, Z. 22 bis S. 63, Z. 3. Begründen Sie, warum diese Art des Schreibens „filmisches Erzählen" genannt wird.
b) Nehmen Sie auf der Grundlage des Romans sowie weiterer Erfahrungen mit epischen Texten und Filmen Stellung zu der Frage nach der Umsetzbarkeit literarischer Texte in das Medium Film.

Mögliche Lösung in knapper Fassung:

Bildschnitt, Bildgröße, Großaufnahme, Totalaufnahme

a) Im Textausschnitt beschreibt Doris dem blinden Herrn Brenner Eindrücke der Stadt Berlin. Dabei ist der Wunsch vorherrschend, ihm die Buntheit und Lebendigkeit dieser Stadt nachvollziehbar zu machen. Deshalb ist die Beschreibung bestimmt durch schlaglichtartiges Erhellen einzelner Aspekte der Umgebung. Dies entspricht der Aneinanderreihung schnell aufeinanderfolgender Bilder in harten Bildschnitten, wobei die Bildgrößen unterschiedlich sind. Wenn beispielsweise auf die „wie ein Stern" (S. 62, Z. 29) arrangierten Brötchen hingewiesen wird oder der Kaffee in „großen, schaligen Körben" (S. 62, Z. 32) angeboten liegt, entspricht dies einer Großaufnahme. Andererseits werden auch Totalaufnahmen gezeigt („breite Wege mit Schienen und gelben Bahnen", S. 62, Z. 33). Die Beobachtungen sind aus verschiedenen Perspektiven heraus zu verstehen, vergleichbar einer Untersicht (Ampel) oder der Normalsicht (Bademantel).

Sinne, Bildlichkeit, Geräusche, Gerüche

Der Ausschnitt ist geprägt durch die Einbeziehung verschiedener Sinne, wobei der optische Sinn vorherrscht. Auch dies entspricht dem Medium Film. So werden einerseits viele Farben genannt („grün und rot und gelb", S. 62, Z. 23; auch Z. 25, Z. 27, Z. 31, Z. 33), aber durch Adjektive auch viele Details vermittelt („gestreifte[r] Bademantel", S. 62, Z. 26; auch Z. 32, Z. 35). Vergleiche (S. 62, Z. 29) und Metaphern (S. 63, Z. 2) verstärken die Bildlichkeit. Weiterhin werden Geräusche (S. 62, Z. 28) und Gerüche (S. 62, Z. 31) aufgegriffen. Geräusche gehören als Untermalung und als Nebengeräusche elementar zum Inventar filmischen Erzählens, um Emotionen oder den Eindruck von Authentizität zu vermitteln. Gerüche werden mittels Bildern, die Geruchsassoziationen bei den Zuschauern erzeugen, nachvollziehbar gemacht. Auch dies geschieht in diesem Ausschnitt.

Schnitttechnik, Bewegung, subjektive Kameraführung

Als wesentliches Merkmal filmischen Erzählens ist darüber hinaus die Bewegung festzustellen. Neben der Schnitttechnik, die Bewegung simuliert, ist auch die Protagonistin ständig in Bewegung („ich gehe", S. 62, Z. 24, Z. 27). Die eingeschobenen wiederholten Verben der Bewegung, der elliptische Satzbau sowie die Aneinanderreihung der einzelnen Eindrücke durch additive ‚und'-Verknüpfungen lassen einen Eindruck schneller und hektischer Fortbewegung entstehen. Die Ich-Erzählung entspricht einer subjektiven Kameraführung.

b) Grundsätzlich muss in dieser Antwort auf die unterschiedlichen Gestaltungsmittel der Medien hingewiesen werden. Eine Eins-zueins-Übertragung von Epik in das Medium Film ist weder sinnvoll noch möglich. Stichworte zur Beantwortung dieser Frage sind:

→ Linearität von epischen Texten im Gegensatz zur Gleichzeitigkeit von optischen und akustischen Signalen im Film
→ Länge: epische Breite und lange Lesedauer im Gegensatz zur begrenzten Länge eines Films
→ Festlegung der Bilder und Assoziationen im Film im Gegensatz zur individuellen Imagination und Assoziation persönlicher Erfahrungen beim Leser
→ Grad der Komplexität und Einsatz von Stilmitteln zur Emotionalisierung und Beeinflussung des Zuschauers bzw. Lesers

Aufgabe 2 ***

a) Analysieren Sie das Gedicht *Die Stadt* (1911) von Georg Heym. (Der Abdruck des Gedichts befindet sich in Kap. 5 dieser Erläuterung.)
b) Vergleichen Sie dieses Gedicht mit dem im Roman vermittelten Eindruck der Stadt Berlin.

Mögliche Lösung in knapper Fassung:

Sonettform

a) Das Gedicht ist in der strengen Form des barocken Sonetts verfasst. Dabei sind die Quartette jeweils mit einem umarmenden Reim, die Terzette mit Paarreimen versehen. Rhythmisch ist ein Jambus durchgehend vorhanden, der die Gleichförmigkeit des Lebens in der Stadt betont. Thematisch wird die Nacht in einer Stadt aufgegriffen.

Thema: Nacht in der Stadt

Die erste Strophe nimmt die Häuserfluchten auf, die zweite geht auf die Straßen und Menschenmengen ein. Die beiden Terzette nehmen das Leben und Bedrohung in der Stadt auf. Die beiden Komposita „Wolkenschein“ (Z. 1) und „Wolkenwand“ (Z. 14) fungieren als Rahmen, durch den ein Blick nach oben, aber auch zunehmende Einengung dargestellt wird.

Das Gedicht ist durch Stilmittel wie Hyperbel („tausend", Z. 3; „unzählig", Z. 6), Vergleich („Wie Aderwerk", Z. 5), Personifizierung („tausend Fenster stehn", Z. 3 f.) und Metaphorik geprägt. Während die leblosen Gebäude und Straßen personifiziert werden (Z. 4 f.), werden die Menschen anonymisiert und zur Masse gemacht („schwemmen", Z. 6). Wortwiederholungen (Z. 7) und Aufzählungen von Stationen menschlichen Lebens (Z. 9 11) veranschaulichen die Eintönigkeit und Vergänglichkeit menschlichen Lebens. Im letzten Terzett wird durch die Feuermetaphorik (Z. 12) die beängstigende Zukunft aufgegriffen.

Inhaltliche und formale Parallelen

b) Das Gedicht *Die Stadt* weist wesentliche inhaltliche und formale Parallelen zum Roman *Das kunstseidene Mädchen* auf. Neben der inhaltlichen Parallele, dass auch im Roman das Nachtleben der Stadt Berlin eine größere Rolle spielt als das Tagesgeschehen, ist die vorherrschende Metaphorik unübersehbar. Dies entspricht dem Text, in dem mit vielen Metaphern, Vergleichen und anschaulichen Ausdrücken gearbeitet wird.

Sinneseindrücke

In beiden Texten sind verschiedene Sinneseindrücke (sehen und hören) aufgenommen. Farbigkeit und Helligkeit spielen eine Rolle, wobei im Gedicht vor allem das bedrohliche Rot (vgl. Z. 4, Z. 12) vorherrscht. Dies steht im Gegensatz zum Roman, in dem die verschiedenen Farben, allerdings auch mit deutlicher emotionaler Komponente, einbezogen werden.

Wie im Roman sind die syntaktischen Einheiten im Gedicht häufig mit der Konjunktion „und" verknüpft, wodurch das Additive und Unabänderliche der Erscheinungen betont wird.

Lebensstationen des Menschen

Im Roman werden wie im Gedicht verschiedene Lebenssituationen (Geburt und Sterben) der Menschen angesprochen. Beide Texte enden negativ, ohne tröstlichen Ausblick, wobei das Gedicht allerdings allgemeine Aussagen macht, der Roman jedoch alles durch den subjektiven Blickwinkel der Protagonistin darstellt.

Aufgabe 3 **

a) Analysieren Sie den Textauszug S. 78, Z. 24 bis S. 79, Z. 35 unter dem Gesichtspunkt der Darstellung der Lebensverhältnisse im Milieu der 1930er Jahre.
b) Stellen Sie dar, wie die Protagonistin mit der Situation umgeht.

Mögliche Lösung in knapper Fassung:

Schwierige Lebenssituation

a) Der Textauszug nimmt folgende schwierige Lebenssituationen in den Blick:

- → Geldknappheit (S. 78, Z. 27 f.), Leben am Existenzminimum (S. 79, Z. 15 f.)
- → Wohnungsnot: möblierte Zimmer zu überhöhten Preisen ohne ordentliche sanitäre Anlagen und Komfort (S. 78, Z. 29 ff.; S. 79, Z. 17 ff.), Kälte (S. 79, Z. 9)
- → Egoismus und Diebstahl (S. 79, Z. 1–5)
- → Abhängigkeit von Männern, unangenehme Verhaltensweisen von Männern (S. 79, Z. 20 ff.; Z. 26 ff.)
- → Illegalität (S. 79, Z. 5 f.)

Passives Konstatieren statt aktives Handeln

b) Auf der einen Seite konstatiert Doris die Lebensverhältnisse sehr bewusst, macht aber vor allem die widrigen Lebensumstände verantwortlich. Sie hat Mitleid mit den Frauen, denen es wirtschaftlich schlecht geht und die unangenehme und angeberische Männer ertragen müssen. Die gierige Vermieterin Frau Briekow lehnt sie dagegen strikt ab. Sie sehnt sich einerseits nach Kontakt („wie man da auf gemeine Art allein ist", S. 78, Z. 31 f.), unternimmt aber selbst wenig aktiv (vgl. S. 79, Z. 20 f.). Eher möchte sie darauf warten, entdeckt zu werden als selber etwas zu tun („Eines Tages entdecken sie mich", S. 79, Z. 13). Mögliche Alternativen werden im Konjunktiv dargelegt („Also ich könnte noch Film versuchen", S. 79, Z. 11; „Ich könnte ja auch Bardame werden", S. 79, Z. 19), aber nicht konkretisiert. Wieder werden äußere Umstände (fehlendes Kleid) für die Undurchführbarkeit der Pläne herangezogen. Einerseits gibt sie an, dass ihr alles gleichgültig sei und sie des Ausgehaltenwerdens müde sei (S. 78, Z. 32), andererseits reagiert sie sehr emotional und wütend (S. 79, Z. 14 f.). Theoretisch entwickelt sie Stolz, bittet dann aber doch einen Bekannten um Hilfe.

Aufgabe 4 **

a) Analysieren Sie den Textausschnitt aus Hans Falladas Roman *Kleiner Mann – was nun?* (1932). (Der Abdruck des Auszugs befindet sich in Kap. 5 dieser Erläuterung.)
b) Vergleichen Sie diesen Romanausschnitt mit Irmgard Keuns Roman *Das kunstseidene Mädchen* unter dem besonderen Gesichtspunkt der Merkmale der Neuen Sachlichkeit.

Mögliche Lösung in knapper Fassung:

Personale Erzählperspektive, Gedanken und Wahrnehmungen

a) Der Textauszug ist aus der personalen Erzählperspektive Pinnebergs erzählt. Es handelt sich um monologisches Sprechen, die Gedanken und Wahrnehmungen Pinnebergs stehen im Mittelpunkt. In diesem Ausschnitt ist der Protagonist auf dem Weg nach Hause, nimmt seine Umgebung und die jahreszeitlich bedingten Umstände auf. Er begegnet Arbeitslosen, denen er sich nahe fühlt, obwohl er äußerlich nicht zu ihnen gehört. Der Text ist durch die düstere und resignierte Atmosphäre geprägt. Dies wird besonders deutlich durch die Wahl der Adjektive („notdürftiger Grünstreifen", „hässlichen Blättern", „trostlos", „grau", „fahl"), bei der Beschreibung des Wetters und der Menschen. Dazu kommt die Unentschlossenheit des Protagonisten, die sprachlich durch die Ellipsen, die Fragen und den Konjunktivgebrauch vermittelt wird. Seine Entscheidung, nicht sofort nach Hause zu gehen, deutet Probleme und fehlende Sicherheit an. Obwohl Pinneberg sich äußerlich von der Masse der Arbeitslosen unterscheidet, wird dem Leser deutlich gemacht, dass es sich nur um ein zufälliges Erscheinungsbild handelt. Die Kleidung ist billig erworben und schon etwas unmodern.

Inhaltliche und formale Parallelen

b) Im Vergleich des Auszugs mit Irmgard Keuns Roman fallen folgende übereinstimmende inhaltliche und formale Aspekte auf:

- → Subjektivität der Perspektive
- → Protagonist kommt aus dem Kleinbürgertum
- → monologisches Sprechen, Erinnerung, wörtliche Rede einbezogen („sagen wir drei zwanzig, Pinneberg")
- → zeitdeckende, genaue Darstellung von Wetter, Umgebung, Verhalten zur Vermittlung eines authentischen Bildes der Zeit
- → Berlin als Schauplatz der Geschehnisse
- → Darstellung zeittypischer Probleme: Arbeitslosigkeit, Wohnungsknappheit, Unsicherheit und Hoffnungslosigkeit
- → Mantel (bei Keun gestohlen, bei Fallada billig erworben) als äußeres Merkmal der Unterscheidung von der Menge
- → sprachliche Gestaltung: ‚und'-Verknüpfungen, Fragen, Wechsel zwischen Darstellung und Gedanken bzw. Bewertung des Protagonisten („Er ist nicht leer, nein das ist er gar nicht."), Dialekt und Redensarten („fein in Schale"), Kontraste („äußerlich" – „innerlich").

Durch diese Darstellungsweise wird ein auf der einen Seite objektives und realistisches Bild der Zeit (Großstadt Berlin, Arbeitslosigkeit) gegeben, andererseits ist durch die Subjektivität der Perspektive ein hohes Maß an Authentizität gewährleistet.

LITERATUR

Zitierte Ausgabe:

Keun, Irmgard: *Das kunstseidene Mädchen*. Mit Materialien, ausgewählt von Jörg Ulrich Meyer-Bothling. Leipzig: Klett, 2012.

Primärliteratur:

Fallada, Hans: *Kleiner Mann – was nun?* Reinbek bei Hamburg: Rowohlt Verlag, 2008.

Heym, Georg: *Die Stadt*. In: Krause, David: Neue Sachlichkeit. Berlin: Cornelsen Verlag, 2011, S. 6.

Keun, Irmgard: *Dienen lerne beizeiten das Weib*. In: Dies.: Wenn wir alle gut wären. Köln: Kiepenheuer und Witsch, 1983, S. 47 ff.

Sekundärliteratur zu Irmgard Keun und ihrem Roman *Das kunstseidene Mädchen* (Auswahl):

Barndt, Kerstin: *Sentiment und Sachlichkeit. Der Roman der Neuen Frau in der Weimarer Republik*. Köln, Weimar, Wien: Böhlau Verlag, 2003.

Endres, Elisabeth: *So waren die Leute. Zum Tod der Schriftstellerin Irmgard Keun*. In: „Frankfurter Allgemeine Zeitung" vom 7. 5. 1982.

Gehrke, Martha-Maria: *Irmgard Keun: „Das kunstseidene Mädchen"*. In: „Vossische Zeitung", Morgenausgabe vom 26. 6. 1932 (Literarische Umschau Nr. 26).

Klotz, Volker: *Forcierte Prosa. Stilbeobachtungen an Bildern und Romanen der Neuen Sachlichkeit*. In: Schönhaar, Rainer (Hrsg.): Dialog. Festgabe für Josef Kunz. Berlin: Erich Schmidt Verlag, 1973, S. 244–271.

Klotz, Volker: *Kunstseidenes Mädchen und seidene Kritik. Irmgard Keuns früher Roman ist neu erschienen.* In: „Frankfurter Rundschau" vom 21. 7. 1979.

Kreis, Gabriele: *Was man glaubt, gibt es. Das Leben der Irmgard Keun.* Zürich: Arche Verlag, 1991.

Lickhardt, Maren: *Irmgard Keuns Romane der Weimarer Republik als moderne Diskursromane.* Heidelberg: Universitätsverlag Winter, 2009.

Macker, Christa: *Emanzipiert bin ich, seit ich denken kann. Gespräch mit Irmgard Keun.* In: „Frankfurter Rundschau" vom 15. 5. 1982.

Marchlewitz, Ingrid: *Irmgard Keun. Leben und Werk.* Würzburg: Königshausen & Neumann, 1999.

Nause, Tanja: *Inszenierung von Naivität. Tendenzen und Ausprägungen einer Erzählstrategie der Nachwendeliteratur.* Leipzig: Leipziger Universitätsverlag, 2002.

Sack, Volker: *Zeitstück und Zeitroman in der Weimarer Republik. Ödön von Horvath: „Kasimir und Karoline"; Irmgard Keun: „Das kunstseidene Mädchen".* Stuttgart: Klett Verlag, 1985.

Schank, Gerd: *„Das kunstseidene Mädchen" von Irmgard Keun. Skizze einer Frauensprache.* In: Ester Hans; Gemert, Guillaume van (Hrsg.): Studien zur deutschen Literatur und Literaturwissenschaft im 20. Jahrhundert. Amsterdam: Rodopi, 1985, S. 35–64.

Schoeller, Wilfried F.: *Erfahrungschroniken abgründiger Abenteuer. Irmgard Keun wird als Romanautorin wieder entdeckt.* In: „Süddeutsche Zeitung" vom 7. 11. 1979.

Schüller, Liane: *Vom Ernst der Zerstreuung. Schreibende Frauen in der Weimarer Republik: Marieluise Fleißer, Irmgard Keun und Gabriele Tergit.* Bielefeld: Aisthesis Verlag, 2005.

Shafi, Monika: *„Aber das ist es ja, ich habe keine Meinesgleichen". Identifikationsprozess und Zeitgeschichte in dem Roman ‚Das kunstseidene Mädchen' von Irmgard Keun.* In: Colloquiua Germanica, Bd. 21, 1988, S. 314–325.

Smail, Deborah: *White-Collar Workers, Mass Culture and Neue Sachlichkeit in Weimar Berlin: A Reading of Hans Fallada's ‚Kleiner Mann – Was nun?', Erich Kästner's ‚Fabian' und Irmgard Keun's ‚Das kunstseidene Mädchen'.* Bern: Peter Lang Verlag, 1999.

Steinbach, Dietrich: *Das neuerliche Interesse an Irmgard Keun.* In: Irmgard Keun, Das kunstseidene Mädchen. Stuttgart: Klett Verlag, 1981, S. 142–152.

Steinbach, Dietrich: *Irmgard Keun.* In: Heinz Ludwig Arnold (Hrsg.): Kritisches Lexikon zur deutschsprachigen Gegenwartsliteratur, Bd. 6. München: edition text + kritik, 1978.

Wittmann, Livia: *Erfolgschancen eines Gaukelspiels. Vergleichende Beobachtungen zu ‚Gentlemen Prefer Blondes' (Anita Loos) und ‚Das kunstseidene Mädchen' (Irmgard Keun).* In: Carleton Germanic Papers, H. 11, 1983, S. 35–49.

Weiterführende Literatur:

Allkemper, Alo; Eke, Norbert Otto: *Literaturwissenschaft.* Paderborn: Wilhelm Fink Verlag, 2004.

Baßler, Moritz: *Der deutsche Pop-Roman. Die neuen Archivisten.* München: C. H. Beck, 2002.

Biermann, Heinrich; Schurf, Bernd (Hrsg.): *Texte, Themen und Strukturen.* Berlin: Cornelsen Verlag, 1999.

Degler, Frank; Paulokat, Ute: *Neue Deutsche Popliteratur.* Paderborn: Wilhelm Fink Verlag, 2008.

Ernst, Thomas: *Popliteratur.* Hamburg: Rotbuch Verlag, 2001.

Fähnders, Walter: *Avantgarde und Moderne. 1890–1933*. Stuttgart: J. B. Metzler Verlag, 2010.

Krause, David: *Neue Sachlichkeit*. Berlin: Cornelsen Verlag, 2011.

Migner, Karl: *Kennzeichen des modernen Romans*. In: Biermann, Heinrich; Schurf, Bernd (Hrsg.): Texte, Themen und Strukturen. Berlin: Cornelsen Verlag, 1999.

Monaco, James: *Film und Neue Medien. Lexikon der Fachbegriffe*. Reinbek bei Hamburg: Rowohlt Verlag, 2000.

Pankau, Johannes G.: *Einführung in die Literatur der Neuen Sachlichkeit*. Darmstadt: Wissenschaftliche Buchgesellschaft, 2010.

Streim, Gregor: *Einführung in die Literatur der Weimarer Republik*. Darmstadt: Wissenschaftliche Buchgesellschaft, 2009.

Wilpert, Gero von: *Sachwörterbuch der Literatur*. Stuttgart: Alfred Kröner Verlag, 1969.

Verfilmungen:

Das kunstseidene Mädchen. BRD 1959. Regie: Julien Duvivier, René Barjavel. Mit Giulietta Masina.

Nach Mitternacht. BRD 1981. Regie: Wolf Gremm. Mit Désirée Nosbusch.

STICHWORTVERZEICHNIS